पाश

पाश का जन्म 9 सितम्बर, 1950 को गाँव तलवंडी सलेम, ज़िला जालन्धर, पंजाब में हुआ। उनका पूरा नाम अवतार सिंह संधू था। हायर सेकेंडरी के बाद प्राइवेट से बी.ए. किया। पहली कविता 15 वर्ष की आयु में लिखी। पहली बार 1967 में कविता प्रकाशित हुई।

उन्होंने 'सिआड़' (1972-73), 'हेम ज्योति' (1974-75) और हस्तलिखित 'हाक' (1982) नामक पत्रिकाओं का सम्पादन किया। 1985 में अमेरिका चले गए। वहाँ 'एंटी-47' (1986-88) का सम्पादन करते हुए ख़ालिस्तानी आन्दोलन के विरुद्ध सशक्त प्रचार-अभियान से जुड़े। 1967 में सी.पी.आई. से जुड़े और 1969 में नक्सलवादी राजनीति से। 1988 में कुछ दिनों के लिए घर आए और (अमेरिका वापसी से दो दिन पहले) गाँव में ही अपने एक अभिन्न मित्र हंसराज के साथ ख़ालिस्तानी आतंकवादियों की गोलियों के शिकार हुए।

उनके प्रकाशित कविता-संग्रह हैं—'लौह कथा', 'उड्डदे बाजाँ मगर', 'साडे समियाँ विच', 'लड़ांगे साथी'। हिन्दी में अनूदित उनकी किताबें हैं—'बीच का रास्ता नहीं होता', 'समय ओ भाई समय'।

निधन : 23 मार्च, 1988

समय ओ भाई समय

पाश

संपादन-अनुवाद
चमन लाल

राजकमल पेपरबैक्स

पहला पुस्तकालय संस्करण
राजकमल प्रकाशन प्राइवेट लिमिटेड द्वारा
1995 में प्रकाशित

राजकमल पेपरबैक्स में
पहला संस्करण : 2023
दूसरा संस्करण : 2025

राजकमल पेपरबैक्स : उत्कृष्ट साहित्य के जनसुलभ संस्करण

राजकमल प्रकाशन प्रा.लि.
1-बी, नेताजी सुभाष मार्ग, दरियागंज
नई दिल्ली-110 002
द्वारा प्रकाशित

शाखाएँ : अशोक राजपथ, साइंस कॉलेज के सामने, पटना-800 006
पहली मंजिल, दरबारी बिल्डिंग, महात्मा गांधी मार्ग, प्रयागराज-211 001
1, अनमोल सोराबजी संतुक लेन, धोबी तलाव, मरीन लाइंस, मुम्बई-400 002

वेबसाइट : www.rajkamalprakashan.com
ई-मेल : info@rajkamalprakashan.com

विकास कंप्यूटर एंड प्रिंटर्स
ट्रोनिका सिटी-201 102
द्वारा मुद्रित

मूल्य : ₹250

SAMAY O BHAI SAMAY
Poems by Pash
Translated & Edited by Dr. Chaman Lal

ISBN : 978-81-19028-87-0

पंजाब और पंजाब से बाहर
आतंकवादी व समाज-विरोधी हिंसा में मारे गए
तमाम निर्दोष लोगों की स्मृति को

पाश की कविता : लोहा और रेशम के तारों से बुनी एक दुनिया

पाश का नाम संपूर्ण समकालीन भारतीय कविता की जलवायु का एक अविच्छिन्न हिस्सा बन चुका है। उनकी कविताओं का रंग और मिज़ाज आज भी उतना ही नया है, जितना वह तब था, जब एक गहरी उथल-पुथल के गर्भ से वे कविताएँ पैदा हुई थीं। यह एक सुपरिचित तथ्य है कि कवि पाश की पैदाइश एक आंदोलन के गर्भ से हुई थी। वे न सिर्फ़ एक गहरे अर्थ में राजनीतिक कवि थे, बल्कि सक्रिय राजनीति-कर्मी भी थे। ऐसे कवि के साथ कुछ ख़तरे होते हैं, जिनसे बचने के लिए यथार्थ-चेतना के साथ-साथ एक गहरी कलात्मक चेतना, बल्कि कला का अपना एक आत्म-संघर्ष भी ज़रूरी होता है। पाश की कविताएँ इस बात का साक्ष्य प्रस्तुत करती हैं कि उनके भीतर एक बड़े कलाकार का वह बुनियादी आत्म-संघर्ष निरंतर सक्रिय था, जो अपनी संवेदना की बनावट, वैचारिक प्रतिबद्धताएँ और इन दोनों के बीच के अंतःसंबंध को निरंतर जाँचता-परखता चलता है। कुछ समय पूर्व हिंदी की एक पत्रिका ने पाश के कुछ पत्र प्रकाशित किए थे। उनको पढ़कर मुझ जैसे पाठक को पहली बार पता चला कि पाश के भीतर कला-सृजन की मूलभूत समस्याओं की कितनी गहरी चेतना थी।

प्रस्तुत संग्रह की कविताएँ, जैसा कि अनुवादक ने बताया है, अनेक स्रोतों से एकत्र की गई हैं—यहाँ तक कि कवि की डायरी और घर-परिवार से प्राप्त जानकारी को भी चयन का आधार बनाया गया है। पुस्तकों से ली गई कविताओं पर तो कवि की मुहर लगी है, पर डायरी से प्राप्त रचनाओं या काव्यांशों को देकर पाश के उस पक्ष को भी सामने लाया गया है, जहाँ एक सतत विकासमान कवि के सृजनरत मन का एक प्रामाणिक प्रतिबिंब सामने उभरता है। यह सामग्री पाश के प्रेमी पाठकों के लिए इस संग्रह को और भी आकर्षक बनाती है और साथ ही इस बात का अवसर भी देती है कि कवि को उसकी संपूर्णता में देखा-परखा जाय।

कविताओं के अनुवाद के आधार पर उनके बारे में एक राय कायम करना जोखिम भरा काम है। एक प्रसिद्ध परिभाषा के अनुसार कविता वह है जो अनुवाद में खो जाती है। उसे खोने से कैसे बचाया जाय, हर अनुवादक की सबसे बड़ी समस्या यही होती है। इस संग्रह की कविताओं का अनुवादक इस समस्या से बेख़बर नहीं है। मेरे जैसे पाठक के लिए, जो पंजाबी न जानने के कारण मूल से सर्वथा अपरिचित है, ये हिंदी रूपांतर एक प्रीतिकर पाठ की तरह हैं। पाश एक गहरे अर्थ में एक पंजाबी कवि थे—पंजाब की मिट्टी के रंगवाली कविता के जनक। इसलिए उनके यहाँ कई बार ऐसे प्रयोग आते हैं—ऐसे संदर्भ, कथा-संकेत

तथा ठेठ मुहावरे भी, जो हिंदी पाठक के लिए अपरिचित हो सकते हैं। अनुवाद में अपरिचय के ये सुखद आघात एक भिन्न भाषा-भाषी पाठक के भीतर मूल के आकर्षण को थोड़ा बढ़ाते ही हैं और प्रस्तुत अनुवाद में भी यह आकर्षण मौजूद है।

पाश जीवन के कवि हैं—जीवन की पूरी अर्थवत्ता के कवि। इस अर्थवत्ता की तलाश वे उसी दुनिया में करते हैं, जो उनके अनुभव का आसन्न संदर्भ है। वे सबसे ज़्यादा भरोसा करते हैं उस अनुभव पर जो सीधे वहाँ से आता है, जहाँ सबसे अधिक द्वंद्व या टकराव है। पर जो बात उन्हें 'लाउड' या मुखर होने से बचाती है और अपनी ज़्यादातर कविताओं में वे इस रचनात्मक सँभाल का परिचय देते हैं, वह है अपने माध्यम पर उनकी अचूक पकड़। पाश मूलतः एक प्रगीतधर्मी कवि हैं, पर वे इस प्रगीतधर्मिता का उपयोग अनेक स्तरों पर और अनेक ढंग से करते हैं। इस काम में वे यदि एक ओर पश्चिमी कविता से अपने प्रगाढ़ परिचय से लाभ उठाते हैं तो दूसरी ओर उससे कुछ अधिक ही पंजाबी साहित्य की मौखिक परंपरा से भी। उनकी कविताओं का जो सौंदर्यलोक निर्मित होता है, वह इसी शब्दलोक से अपना उजास पाता है।

प्रस्तुत चयन में एक सुखद विविधता मिलेगी। यह विविधता पाश की कविता के चरित्र में निहित है, हालाँकि यहाँ उसका एक प्रत्यक्ष कारण यह है कि कविताएँ किसी एक पुस्तक से नहीं, बल्कि विविध स्रोतों से ली गई हैं। इससे अनायास ही चयन को एक बहुवर्णी व्यक्तित्व मिल गया है। पर रंगों के इस वैविध्य के भीतर पाश की मूलवर्ती काव्य-चेतना की अंतर्निहित एकसूत्रता यहाँ से वहाँ तक दिखाई पड़ेगी। इस सूत्र का एक छोर यदि लोहे जैसे कठोर यथार्थ के भीतर कहीं छिपा है तो दूसरा रेशम जैसे कोमल भावलोक के भीतर। पाश के लिए ये दोनों छोर दो अलग-अलग छोर नहीं हैं, बल्कि एक बिंदु पर दोनों सघन रूप से मिल जाते हैं। उस बिंदु की खोज पाश एक विलक्षण रचनात्मक सावधानी से करते हैं और कोई कहना चाहे तो कह सकता है कि उस बिंदु को पा लेना ही उनकी रचना-प्रक्रिया की चरम सार्थकता है। इस संग्रह में ऐसे उदाहरण अनेक मिल सकते हैं और यहाँ कहना असंगत न होगा कि पाश की कविता उदाहरण होने से बचकर नहीं चलती। वे उन थोड़े-से कवियों में हैं, जिनकी असंख्य पंक्तियाँ पाठकों की ज़बान पर आसानी से बस जाती हैं। नीचे की पंक्तियाँ मुझे ऐसी ही लगीं और शायद उनके असंख्य पाठकों को भी लगेंगी—जो पढ़ने के साथ ही समाप्त नहीं हो जातीं, बल्कि साथ-साथ दूर तक चलती चली जाती हैं—*चिंताओं की परछाइयाँ / उम्र के वृक्ष से लंबी हो गईं / मुझे तो लोहे की घटनाओं ने / रेशम की तरह ओढ़ लिया।*

लोहा और रेशम के विलक्षण तनाव से बुनी ये कविताएँ कवि पाश के रचनालोक के बारे में प्राप्त जानकारी में न केवल वृद्धि करेंगी, बल्कि एक गहरा तोष और तृप्ति भी देंगी—एक ऐसी तृप्ति जिसके लिए उसके रचयिता के प्रति सिर्फ़ कृतज्ञ हुआ जा सकता है और यहाँ बेशक उसके अनुवादक के प्रति भी।

केदारनाथ सिंह

संपादक की ओर से

25 मार्च 1989 को जब दिल्ली के त्रिवेणी सभागार में पाश के काव्य-संकलन *बीच का रास्ता नहीं होता* का विमोचन हुआ तो पाश की खालिस्तानी आतंकवादियों द्वारा की गई नृशंस हत्या को पूरा एक साल गुज़र चुका था। इस संकलन के छपने से पहले भी पत्र-पत्रिकाओं में छपी पाश की कविताओं ने हिंदी पाठकों को आकर्षित किया था। वैसे ज़्यादा सही यह है कि हत्या से पूर्व भी पाश हिंदी पाठकों के परिचित कवि थे, लेकिन शहादत के बाद निश्चय ही उन्हें अधिक ध्यान से पढ़ा गया। *बीच का रास्ता नहीं होता* का हिंदी पाठकों ने जिस उत्साह से स्वागत किया, उससे उन्होंने अपने काव्य-विवेक का एक बार फिर पूरी सजगता से प्रमाण दिया।

बीच का रास्ता नहीं होता के प्रकाशन के समय पाश की सवा सौ के करीब कविताएँ उपलब्ध थीं। पाश की स्मृति में स्थापित पाश मेमोरियल अंतर्राष्ट्रीय ट्रस्ट के प्रयासों से पाश का अनुपलब्ध (प्रकाशित-अप्रकाशित) काव्य व अन्य साहित्य भी उपलब्ध होना शुरू हुआ और अब तक पाश की पौने दो सौ से अधिक कविताएँ छपकर सामने आ चुकी हैं, जो लगभग संपूर्ण पाश-काव्य स्वीकार किया जा सकता है। अब जबकि पाश की शहादत के सात वर्ष पूरे होने जा रहे हैं व केवल पंजाबी के नहीं, बल्कि एक महत्त्वपूर्ण भारतीय कवि के रूप में पाश की प्रतिष्ठा देश-विदेश में स्थापित हो चुकी है, उनके पूरे काव्य-कर्म को वस्तुगत दृष्टि से देखा-समझा जा सकता है, जिसके लिए पाश का समग्र काव्य सामने होना ज़रूरी है। *बीच का रास्ता नहीं होता* में पाश की अस्सी के करीब कविताएँ सम्मिलित हुई थीं, प्रस्तुत संकलन में पाश की पूरी या कुछ अधूरी सौ कविताएँ हिंदी पाठकों के समक्ष प्रस्तुत की जा रही हैं। दोनों संकलनों में पाश का संपूर्ण काव्य समाहित हो जाता है। इसे सामने रखकर पाश के काव्य-व्यक्तित्व का वस्तुपरक मूल्यांकन भी किया जा सकता है और व्यापक रूप से भारतीय कविता के संदर्भ में भी उसे रेखांकित किया जा सकता है।

बीच का रास्ता नहीं होता में कविताओं को काल-क्रम से प्रस्तुत किया गया था। इस संकलन मे कविताओं का क्रम बदला गया है। इस संकलन में सबसे पहले खंड में वे कविताएँ शामिल की गई हैं, जो हिंदी पाठकों के लिए अब तक प्रायः अनुपलब्ध थीं। उसके बाद

उनके काव्य-संकलनों से उलटे कालक्रम में कविताएँ रखी गई हैं अर्थात् सबसे बाद में प्रकाशित कविताएँ पहले रखी गई हैं व सबसे पहले प्रकाशित कविताएँ अंत में। इस क्रम का तर्क पाठकेगण स्वयं ही समझ भी लेंगे व महसूस भी कर सकेंगे।

इस संकलन के लिए कविताएँ कुछ तो पाश के पूर्वप्रकाशित संकलनों से ली गई हैं, कुछ उनकी शहादत के बाद प्रकाशित संकलनों से व कुछ पत्र-पत्रिकाओं में बिखरी कविताएँ सँजोई गई हैं, कुछ कविताएँ पाश के घर-परिवार से प्राप्त की गई हैं।

पंजाबी में इस बीच पाश मेमोरियल ट्रस्ट के प्रयासों से पाश की डायरी, पाश के पत्र आदि व कुछ गद्य रचनाएँ प्रकाशित हो चुकी हैं। हिंदी में संपूर्ण पाश-काव्य प्रकाशित होने के बाद अब आशा की जानी चाहिए कि पाश की प्रतिनिधि गद्य रचनाएँ भी हिंदी में आनेवाले वर्षों में छप सकेंगी, विशेष रूप से वे रचनाएँ, जिनके कारण वे आतंकवादियों की गोलियों का निशाना बने।

हिंदी के वरिष्ठ व मेरे आदरणीय अध्यापक डॉ. केदारनाथ सिंह ने इस संकलन की प्रस्तावना लिखना स्वीकार कर मेरी मनोकामना पूरी की, इसके लिए आभार या कृतज्ञता जैसे शब्दों से अपने प्रति उनके स्नेह को मैं कम नहीं करना चाहता। राजकमल परिवार से श्रीमती शीला संधू हमेशा ही पाश-साहित्य को हिंदी में गौरव के साथ प्रकाशित करने के लिए उत्सुक रही हैं और यह अतिशयोक्ति न होकर तथ्य है कि राजकमल ने पाश को जिस ढंग से हिंदी में प्रकाशित किया, उसने पाश को पंजाब से निकालकर पूरे भारत का प्रिय कवि बनाया और जिससे पंजाब व पंजाबी साहित्य दोनों का गौरव बढ़ा। आशा है राजकमल का पंजाब व पंजाबी साहित्य से यह लगाव इसी प्रकार आगे भी बना रहेगा। यह शायद पाश को भी उनकी ओर से सच्ची श्रद्धांजलि होगी।

पुनश्च :

इस संकलन में पहली कविता 'सबसे ख़तरनाक' रखी गई है, जो *बीच का रास्ता नहीं होता* की अंतिम कविता है। इससे संकलन का संबंध भी पहले संकलन से जुड़ता है दूसरे 'सबसे ख़तरनाक' कविता की चार और पंक्तियाँ बाद में प्राप्त हुईं, जो इस संकलन में जोड़ी जा रही हैं, तीसरे 'सपने' कविता को भी 'सबसे ख़तरनाक' से जोड़कर पढ़े जाने की ज़रूरत है। पाश की डायरी में प्राप्त एक हिंदी कविता जो सबसे अंत में दी गई है, किसी अन्य कवि की कविता या अनुवाद भी हो सकती है या मूल कविता, इसके बारे में निश्चित रूप से नहीं कहा जा सकता।

चमन लाल

पाश : कुछ संस्मरण

23 मार्च को रोहतक में 'डेमोक्रेटिक फोरम' द्वारा आयोजित बैठक में 'सांप्रदायिकता और भगतसिंह के विचार' विषय पर आयोजन के बाद हिंदी के युवा कवि दंपति मनमोहन और शुभा के यहाँ रुका हुआ था। 24 मार्च को वहाँ से लौटने के समय अख़बार आए तो सुर्ख़ियाँ देखते ही मन को अचानक बड़ा धक्का लगा। पंजाब के बारे में रोज़ की हत्याओं के समाचार में युवा पंजाबी कवि पाश की हत्या का समाचार छपा हुआ था। यह भी कि वे अगले ही दिन अमेरिका के लिए रवाना होनेवाले थे। मैं समझे बैठा था कि पाश अमेरिका जा चुका है। पाश के साथ पिछले 15-16 वर्षों के संबंधों के कारण मुझे तो झटका लगना ही था। मनमोहन व शुभा कभी पाश से न मिले होकर भी उसकी कविताओं के माध्यम से परिचित थे और यह सुबह उनके लिए भी बहुत उदास बनकर आई।

पाश से मेरी पहली मुलाक़ात, जहाँ तक मुझे याद पड़ता है, 31 अक्तूबर 1971 को देशभक्त यादगार हॉल, जालंधर में हुई, जहाँ केंद्रीय पंजाबी लेखक सभा के तत्त्वावधान में पंजाबी लेखकों की सभा का आयोजन था। यह वह समय था जब पंजाबी युवा कवि-लेखकों पर नक्सलवादी आंदोलन का काफ़ी प्रभाव था और पाश लगभग उसी समय दो वर्ष की क़ैद काटकर जेल से रिहा होकर आए थे। पाश की आयु उस समय 21 वर्ष की थी और पंजाबी में इतनी कम उम्र में इतनी प्रतिष्ठा हासिल करनेवाले वे संभवतः पहले लेखक थे। उनके जेल-प्रवास के दौरान ही उनका पहला कविता-संग्रह *लौहकथा* 1970 में प्रकाशित हो चुका था व अमरजीत चंदन द्वारा संपादित संकलनों *दस्तावेज़* व *मिट्टी का रंग* में व मोहनजीत द्वारा संपादित संकलन *आरंभ* में भी पाश की कविताएँ छपकर काफ़ी चर्चित हो चुकी थीं। जिन युवा पंजाबी कवि-लेखकों ने उन दिनों प्रतिष्ठा हासिल की, पाश का नाम उनमें अग्रगण्य था। उस समय अन्य चर्चित कवि-लेखक थे—लालसिंह 'दिल', अमरजीत चंदन, दर्शन खटकड़, जगतार, मोहनजीत आदि कविता के क्षेत्र में; प्रेमप्रकाश, वरियाम सिंह संधू आदि कहानी क्षेत्र में; गुरशरणसिंह यद्यपि पहले से ही प्रतिष्ठित नाटककार थे, लेकिन इस बीच नक्सलवाद से प्रभावित साहित्यिक-सांस्कृतिक आंदोलन ने उन्हें और भी चर्चित बनाया। आलोचना के क्षेत्र में डा. सुरिन्दर सिंह दोसाँझ, पत्र-पत्रिकाओं में सुरेंद्र 'हेम ज्योति', सी. मारकण्डा पहले *अग्नदूत* फिर *किंतु* के लिए, केवल कौर *माँ* के लिए चर्चित हुए। ये सभी युवा कवि-लेखक-पत्रकार व इनके साथ पुरानी पीढ़ी के संतसिंह सेखों आदि ने मिलकर

केंद्रीय पंजाबी लेखक सभा का पुनर्गठन किया था व प्रत्येक मीटिंग आदि के बाद शहर में राज्य के अत्याचारों के ख़िलाफ़ प्रदर्शन आदि का आयोजन रहता था। पाश ने उस दिन हुए प्रदर्शन में हिस्सा लेते हुए खूब जोश से नारे लगाए थे।

पंजाबी के साहित्यिक-सांस्कृतिक आंदोलन के साथ मेरा उन दिनों से लगाव रहा और 1972 में रामपुरा फूल, ज़िला भटिंडा में 'पंजाबी साहित्य सभा' का गठन भी इसी उद्देश्य से मैंने कुछ अन्य साथियों के साथ मिलकर किया। पंजाब में जो हिंदी लेखक इस आंदोलन के प्रभाव में उन दिनों चर्चित थे, उनमें रमेश कुंतल मेघ, हंसराज 'रहबर' व मृत्युबोध उल्लेखनीय हैं।

संभवतः 1971 या 1972 में ही बिहार से हिंदी कवि आलोकधन्वा आए थे और संभवतः पाश के साथ ही रुके थे। आलोकधन्वा की 'गोली दागो पोस्टर' कविता पंजाब में भी चर्चित रही। पुलिस ने इन दोनों कवियों को गिरफ़्तार किया था और इस पर भी उन दिनों काफ़ी हंगामा हुआ था। अमरजीत चंदन नकोदर क़स्बे से संबंधित थे व पाश का गाँव नकोदर के पास तलवंडी सलेम था। नकोदर से ही उन दिनों सेना से सेवानिवृत्त मोहिंदर सिंह *जत्थेबंदी* पत्रिका निकालते थे और ये सभी लोग आपस में काफ़ी घनिष्ठ थे। तेलुगु कवि निखिलेश्वर भी इन्हीं दिनों पंजाब आए थे।

नक्सलवादी आंदोलन के तेज़-तर्रार दौर के गुज़रने के बाद साहित्यिक-सांस्कृतिक आंदोलन को व्यापक जनता तक फैलाने संबंधी गंभीर विचार-विमर्श इसी बीच शुरू हुआ और इसी सिलसिले में कुछ लेखक एक मंच 'पंजाबी साहित्त सभिआचार मंच' पर जुड़े। इनमें सुरेंद्र 'हेम ज्योति', प्रेमप्रकाश, हरभजन हलवाखी, पाश, अमरजीत चंदन, वरियाम संधू, बूटाराम, सविंद्रजीत सागर, अजमेर औलख, गुरुचरण सिंह आदि प्रमुख थे। सुरेंद्र 'हेम ज्योति', ने जो अपनी पत्रिका *हेम ज्योति* से अभिन्न रूप में जाने जाते थे, *हेम ज्योति* को इस मंच की पत्रिका बनाया, पाश इसके संपादकों में रहे। (अफसोस कि सुरेंद्र 25 जुलाई 1978 को जर्मनी में चल बसे।) पाश ने भी इसी बीच *सिआड़* पत्रिका के कई अंक निकाले। इस पत्रिका के परामर्शदाताओं में वे मेरा नाम भी देते थे। इन एक-दो वर्षों में इस मंच के तत्त्वावधान में हमारी 10-12 गंभीर बैठकें हुईं—रामपुरा फूल, नकोदर, जालंधर, लुधियाना या अमृतसर इन बैठकों के स्थल रहे। जैसा सद्भाव और समझदारी का माहौल इन बैठकों में रहा, संभवतः ऐसा लेखकों में बहुत कम मिलता है। फलतः हम सभी अपने चिंतन में परिपक्व हुए और अपनी रचनाओं में इस परिपक्वता की अभिव्यक्ति भी करने लगे। पाश का इस बीच एक कविता-संग्रह और छपा—उड्डदे *बाजाँ मगर* (1974)। लेकिन इमरजेंसी के दौर तक आते-आते मंच की गतिविधियाँ कम होने लगी थीं। पाश इस बीच कम्युनिस्ट आंदोलन में स्तालिनवाद से बहुत निराश भी हुए और उनके तीसरे काव्य-संग्रह *साडे समियाँ विच* की लंबी कविता 'कामरेड से बातचीत' में इसकी स्पष्ट अभिव्यक्ति भी हुई। इस बीच भगवान जोश आदि के साथ मेजलोल में वे त्रात्स्की व त्रात्स्कीवाद को भी सहानुभूति से समझने

की कोशिश करते रहे, लेकिन बहुत देर तक वे त्रात्स्कीवाद से प्रभावित नहीं रहे।

पाश वास्तव में मूलतः सृजनात्मक व्यक्तित्व के स्वामी थे और बहुत अधिक बौद्धिकता में विचरना उनकी काव्य-रचना को कभी-कभी प्रभावित कर जाता था। इसी बीच पाश ने जे.बी.टी. का कोर्स किया व गाँव में स्कूल खोला। लेकिन उनके इंग्लैंड जाने की चर्चाएँ भी उठती रहीं। इंग्लैंड से निकलते पत्र *देश-परदेश* के साथ भी थोड़ी देर के लिए जुड़े, और बाद में एक कविता में इसके संपादक की अच्छी ख़बर ली। यह पत्र आज खालिस्तान-समर्थक बना हुआ है। इस बीच पाश ने शादी की और एक बच्ची के पिता भी बने।

1977 में मैं जवाहरलाल नेहरू विश्वविद्यालय, नई दिल्ली चला आया तो कई बार पाश को वहाँ बुलाने का प्रयास किया, लेकिन संभव नहीं हो पाया। पाश और मेरे बीच व्यक्तिगत घनिष्ठता का रिश्ता कम था, लेकिन हम एक-दूसरे की इज़्ज़त बहुत करते थे। एक लंबे अर्से के बाद 17 नवंबर 1985 को जालंधर के ही देशभक्त यादगार हॉल में पाश से फिर मुलाक़ात हुई, जहाँ मैं 'हिंदी की राज़नीतिक कविता' विषय पर पेपर पढ़ने गया था। डॉ. मैनेजर पांडेय और गोरख पांडेय भी उस मीटिंग में शरीक हुए थे और संभवतः पाश से उनका परिचय भी मैंने वहाँ करवाया था। पाश वहाँ हुए कवि-सम्मेलन में शरीक नहीं हुए और बाहर लॉन में दोस्तों से गप लड़ाते रहे। वे बड़ी अजीब-सी लगनेवाली लाल टोपी पहने हुए थे। इतने लंबे अर्से के बाद मिलने की मुझे खुशी थी और मैं उम्मीद करता था कि हम लोग कुछ देर तक बैठकर गपशप करेंगे। लेकिन ऐसा नहीं हुआ। मेरे मन में थोड़ा-सा जैसे गिला उठा, लेकिन बाद में दोनों के एक परिचित के माध्यम से पता चला कि वास्तव में पाश को मुझसे गिला रहा कि मैं उससे ठीक से नहीं मिला। हमारे बीच घनिष्ठ मुलाक़ात पाश के अमेरिका से कुछ समय के लिए लौटने पर दिसंबर 1987 में ही संभव हो पाई और इस पूरी रात जगनेवाली मुलाक़ात में एक-दूसरे के साथ हम व्यक्तिगत स्तर पर भी खुले। बातचीत में ही इतना रस आ रहा था कि पाश की कविताएँ सुनना किसी अन्य मुलाक़ात पर टाल दिया गया। इस बीच लंबे अर्से के बाद पाश की कविता 'सबसे ख़तरनाक' *पंजाबी ट्रिब्यून* में छपी थी, जिसे हिंदी में अनूदित कर मैंने *जनसत्ता* को दिया, लेकिन उसे छपने में महीनों लगे। दिसंबर में पाश कुछ दिनों के लिए अपने नाक के आपरेशन के सिलसिले में फिर पटियाला रहे तो उनके और अन्य लोगों के साथ महफ़िलें लगीं व तब कुछ नई कविताएँ भी उनसे सुनीं, जो उन्होंने अभी तक छपाई न थीं। दिसंबर की मुलाक़ात में पाश ने *सरदल* पत्रिका के लिए, जिसके संपादक मंडल में मैं भी था, कविता भेजने का वायदा किया, लेकिन यह वायदा वे पूरा न कर पाए।

इस बीच 31 जनवरी को जालंधर में एक मीटिंग में फिर कुछ क्षणों के लिए पाश से मुलाक़ात हुई। उनके अमेरिका लौटने में कुछ व्यवधान पड़ रहे थे, इसलिए उनके लौटने में लगातार देरी हो रही थी, वरना लौटना उन्हें दिसंबर में ही था। यही मुलाक़ात हमारी अंतिम मुलाक़ात सिद्ध हुई, क्योंकि इसके बाद पाश का समाचार सिर्फ़ 24 मार्च के अख़बारों से

ही मिला, जबकि मैं अमेरिका से उसके पत्र का इंतज़ार कर रहा था। दिसंबर में हम लोगों ने कुछ दूरगामी योजनाएँ बनाई थीं, जिसमें मैंने विदेश घूमने की बात कही थी। तब यह सोचा गया था कि हम लोग साथ-साथ लातीनी अमेरिका और संभव हुआ तो अफ्रीका के देशों में घूमेंगे।

पाश बहुत ही खुले स्वभाव का व प्यार करनेवाला इनसान था। खुद शायर होकर भी उसे ग़ज़लों या रोमांटिक पंजाबी गीतों आदि में दिलचस्पी न थी, इस बात से उसके कुछ दोस्तों को हैरानी भी होती थी, क्योंकि उसके अधिकांश दोस्तों के यह बड़े शौक हैं।

पाश के व्यक्तित्व को पंजाबी के एक शायर ने इन शब्दों में अंकित किया है—

दरवेश आँखोंवाला दबंग शायर वह
जीने की शान को गाया करे

—हरभजन सोही

पाश सच में ही दरवेश भी था और दबंग भी और शान से जीने का क़ायल भी। पाश की न तो अब कहीं से चिट्ठी आएगी और न उसकी नई कविता कभी सुनने या पढ़ने को मिलेगी, लेकिन अगर कबीर जैसे पाश के ये तत्त्व—दरवेशी, दबंगता और शान से जीना हम थोड़े-थोड़े भी अपने भीतर समा लें तो शायद पाश हमसे कभी जुदा न होगा, क्योंकि "ज़बान चुप कराई जा सकती है, रूहें नहीं दबाई जा सकतीं" और पाश एक रूह के रूप में हमारे बीच हमेशा ज़िंदा रहेगा।

चमन लाल

अनुक्रम

कविताएँ / ग़ज़लें

सबसे ख़तरनाक

मेहनत की लूट सबसे ख़तरनाक नहीं होती
पुलिस की मार सबसे ख़तरनाक नहीं होती
गद्दारी-लोभ की मुट्ठी सबसे ख़तरनाक नहीं होती

बैठे-बिठाए पकड़े जाना—बुरा तो है
सहमी-सी चुप में जकड़े जाना—बुरा तो है
पर सबसे ख़तरनाक नहीं होता

कपट के शोर में
सही होते हुए भी दब जाना—बुरा तो है
किसी जुगनू की लौ में पढ़ना—बुरा तो है
मुट्ठियाँ भींचकर बस वक़्त निकाल लेना—बुरा तो है
सबसे ख़तरनाक नहीं होता

सबसे ख़तरनाक होता है
मुर्दा शांति से भर जाना
न होना तड़प का सब सहन कर जाना
घर से निकलना काम पर
और काम से लौटकर घर जाना
सबसे ख़तरनाक होता है
हमारे सपनों का मर जाना

सबसे ख़तरनाक वह घड़ी होती है
आपकी कलाई पर चलती हुई भी जो
आपकी निगाह में रुकी होती है

सबसे ख़तरनाक वह आँख होती है
जो सबकुछ देखती हुई भी जमी बर्फ़ होती है
जिसकी नज़र दुनिया को मुहब्बत से चूमना भूल जाती है
जो चीज़ों से उठती अंधेपन की भाप पर ढुलक जाती है
जो रोज़मर्रा के क्रम को पीती हुई
एक लक्ष्यहीन दुहराव के उलटफेर में खो जाती है

सबसे ख़तरनाक वह चाँद होता है
जो हर हत्याकांड के बाद
वीरान हुए आँगनों में चढ़ता है
पर आपकी आँखों को मिर्चों की तरह नहीं गड़ता है

सबसे ख़तरनाक वह गीत होता है
आपके कानों तक पहुँचने के लिए
जो मरसिए पढ़ता है
आतंकित लोगों के दरवाज़ों पर
जो गुंडे की तरह अकड़ता है

सबसे ख़तरनाक वह रात होती है
जो ज़िंदा रूह के आसमानों पर ढलती है
जिसमें सिर्फ़ उल्लू बोलते और हुआँ हुआँ करते गीदड़
हमेशा के अँधेरे बंद दरवाज़ों-चौगाठों पर चिपक जाते हैं

सबसे ख़तरनाक वह दिशा होती है
जिसमें आत्मा का सूरज डूब जाए
और उसकी मुर्दा धूप का कोई टुकड़ा
आपके जिस्म के पूरब में चुभ जाए

मेहनत की लूट सबसे ख़तरनाक नहीं होती
पुलिस की मार सबसे ख़तरनाक नहीं होती
गद्दारी-लोभ की मुट्ठी सबसे ख़तरनाक नहीं होती।

[संभवतः अपूर्ण रह गई एक लंबी कविता का अंश ।]

सपने

सपने
हर किसी को नहीं आते
बेजान बारूद के कणों में
सोई आग को सपने नहीं आते
बदी के लिए उठी हुई
हथेली के पसीने को सपने नहीं आते
शेल्फ़ों में पड़े
इतिहास-ग्रंथों को सपने नहीं आते

सपनों के लिए लाज़िमी है
झेलनेवाले दिलों का होना
सपनों के लिए
नींद की नज़र होनी लाज़िमी है

सपने इसलिए
हर किसी को नहीं आते

[पाश की आवाज़ में यह कविता उपलब्ध है, जिसकी टेप पाश के परिवार के पास है। पाश ने यह कविता (संभवतः अधूरी) अपने मित्रों—जोगिंद्र बाहरला आदि की महफ़िल में सुनाई थी। इस कविता को उनकी अब तक प्रकाशित अंतिम कविता 'सबसे ख़तरनाक' से जोड़कर देखना चाहिए। दोनों कविताओं में एक ही संवेदना दिखाई देती है।]

यारों से बातचीत[1]

नहीं शमशेर, मैं कोई कोलंबस नहीं
मैं न ही भारत खोजने चला था, न अमेरिका

मेरा तो अपना घर ही न जाने क्यों
आनंदपुर के क़िले की तरह सुरक्षित न रह सका
और अब तो शुष्क सिरसा[2] ही पार करने से
घर के लोगों की आँखों में उल्लू से उतर आए हैं,
तब से कूँजों की डार से बिंब
अतिशयोक्ति जैसे लगते हैं—

अब तो चिंता है शमशेर
मेरे में बस गया परदेस तुम्हारे पंजाब को
कहीं निगल न जाए।
तब तक भय न था
मंजकी[3] वाले जब तक हमारे गाँवों में
बेटी-बेटों का रिश्ता करने से गुरेज़ करते थे
जब तक मालवा 'हरि के पत्तन'[3] से शुरू होता था
जब तक अमृतसर, बाबा बकाला[3]
ढाड्डियों की सारंगी में ही अंतर्निहित थे
तब तक तो बिल्कुल ही भय न था
जब तक परदेस मेरे जिस्म के बस बाहर-बाहर ही था

अब तो शमशेहर जब से सूखी-सी सिरसा पार की है
रास्ते में भले ही कोई चमकौर[3] या सरहिंद[3] न आए
दोबारा मेल न हो सकेगा
बिखर गए ग़रीब से घर के नक्शों का
यार मुझे क्या रुकना था माछीवाड़े[3] की झाड़ी में
न जाने कब और कैसे
झाड़ी खुद मेरे भीतर बस गई
तब से झाड़ी में से हर रोज़ कोई
(तुम दूसरे आलमगीर के लिए न समझ लेना)
मेरी बिना जन्मी बेटी को चिट्ठियाँ लिखता है
उन चिट्ठियों में न कोई राज़ी-खुशी न राम-राम
बस लिखा होता है कि साढ़े तीन हाथ आदमी भी
बड़े मज़े से चौबारे जैसे हाथी को सीधा कर सकता है
या—धरती नहीं, सिर्फ़ सूरज ही चमक सकते हैं

कभी वह लिखता है : गुड्डो, यह धरती चाहे जितना ज़ोर लगा ले
सूर्य के दबदबे से बिल्कुल न निकल पाएगी
वह दुश्मन शमशेर मेरी बेटी को जाने
कैसी शिक्षा दिलाना चाहता है
उसके ख़तों में बंदर के आदमी बनने की
आदमी के शिकारी बनने की व्यथा होती है
भला उस न जन्मी मासूम ने
क्या चीन की दीवार गिरानी है
या मिस्र के पिरामिडों की ममियों के
आभूषण उतारने हैं ?
मुझे तो जान पड़ता है—यह आदमी कोई बदमाश है
जो मार्को पोलो के घर की तरह
मुझ परदेसी का छिटपुट हड़प लेना चाहता है
शमशेर इसे कुछ कहो यारो
बासी, बिल्ले और लखबीर[4] आपका फर्ज़ नहीं क्या ?
इस आदमी से कहो
ऐसे ख़त मेरी बेटी को न लिखे
सँभाले रखे, बाद में पुस्तकाकार छपवा ले
इसका कुछ लाभ हो जाएगा—

काश, मैं जानता
अंबेदकर दवाइयोंवाला डॉक्टर नहीं था—
तो मैं परदेस की दवाई लाने से पहले
किसी धन्वंतरि के पास जाता
मेरी बिना जन्मी गुड्डो के नक़्शों पर
इन बदशगन ख़तों की परछाईं न पड़ती
और परदेस टूटते तारे की लीक की तरह
हमारे दोने में मकई की जगह न उग आता
परदेस जी.टी. रोड पर उलट गए ट्रक की तरह
दोआबे के आमों पर बौर की तरह न उतर आता !—

अब तो शमशेर, तुम्हारा पूर्णसिंह[5] वाला पंजाब
इस परदेस के भीतर सिर्फ़ एक अरदास है

लंबी झड़ी में रिसती कच्ची दीवार के
कुछ दिन बची रह सकने के लिए

यारो फ़िक्र करते रहना—
इस कंजर परदेस की मार
किसी दिन शंकर[3] के मेले के अखाड़े में न आ थूके
कहीं यह रत्तोवाल[3] से मुलतान[3] की ओर न चल दे
इसका कुछ पता नहीं कब पासले[3] की रामलीला के
मंच पर चढ़कर रावण या राम का भेस धारण कर ले
यार तुम फ़िक्र करना
इस बार चालीस में से एक बचे
तो महल में न मारना
उसके काम आने का अच्छा मौक़ा है
महासिंह बुर्जवाला 'गर भभकियाँ मारना चाहे
तो रोकना नहीं—
हो सकता है 'बंदा' फिर किसी दिन पहाड़ से उतर आए
कैथल[3] न सही
हर हाल सढ़ौरे[3] तो उसके दल के साथ मिलकर
हम वतन को लौट आएँगे
फिर मिलेंगे शुष्क सिरसा[2] के बिछुड़े हुए सभी
कोई पौंड[6] के धुएँ से
कोई रियाल[6] की रेत से
कोई डालर[6] की चुँधियाहट से
हम आएँगे कतारें बाँधकर
इस मोरों, हीरे हिरनों की धरती पर
यारो फ़िक्र करते रहना
यारो फ़िक्र करते रहना।

[1. *पाश की स्मृति में* पुस्तक से। कवि के कवि-पत्रकार मित्र शमशेर संधू को संबोधित कविता; 2. नदी का नाम; 3. विभिन्न गाँवों-कस्बों के नाम; 4. पाश के कुछ दोस्त; 5. सुप्रसिद्ध पंजाबी कवि; 6. इंग्लैंड, अरब देशों व अमेरिका की मुद्राएँ।]

23 मार्च

उसकी शहादत के बाद बाक़ी लोग
किसी दृश्य की तरह बचे
ताज़ा मुँदी पलकें देश में सिमटती जा रही झाकी की
देश सारा बच रहा बाक़ी
उसके चले जाने के बाद
उसकी शहादत के बाद
अपने भीतर खुलती खिड़की में
लोगों की आवाज़ें जम गईं
उसकी शहादत के बाद
देश की सबसे बड़ी पार्टी के लोगों ने
अपने चिहरे से आँसू नहीं, नाक पोंछी
गला साफ़ कर बोलने की
बोलते ही जाने की मशक की
उससे संबंधित अपनी उस शहादत के बाद
लोगों के घरों में, उनके तकियों में छिपे हुए
कपड़े की महक की तरह बिखर गया
शहीद होने की घड़ी में वह अकेला था ईश्वर की तरह
लेकिन ईश्वर की तरह वह निस्तेज न था।

[डायरी, 23 मार्च 1982]

चिनग चाहिए

कल्पना की है जब हुस्न की
इसकी मुक्ति का भी

मैंने ध्यान किया है
जोश को हुंकारी मिली
अमल को मिल गई चिनग

हुस्न जब भी आँखों में उलटा लटका है
रोटी की तरह आया इसका ख़याल
सिकुड़ा विस्तार मन का
और यह बंदा खोल में क़ैद हुआ
हर कोई ही इस पल
बाहर से टूटता है
बदल रहे चौगिर्दे से अनछुआ बनकर रह जाता है
खोल में ठंड से जम जाता है
खोलों में घुसना—
स्वयं में केन्द्रित हो जाना
मारक हमला नशे का झेलकर
सरगर्मी से टूट जाना।

[एक फटी हुई डायरीनुमा कापी से]

उम्मीद रखते हैं ...

मुड़-मुड़ जाती है—आलम की स्याह चादर
जब आँगन में मुर्ग़े की बाँग छनक उठती है
गीत घोंसलों से निकलकर बाहर आते हैं
और हवा में उकेर देते हैं
शहीदों के अमिट चेहरे, मिट्टी का सबसे सुहावना सफ़र

रोशनी की पहली किरन के साथ
फैलती हैं इस क़द्र तस्वीरें

कि देशभक्त यादगार हॉल की मजबूर चारदीवारी पर
बेपरवाह हँसता है तस्वीरों का आकार

आप जब भी किसी को नमस्कार करते हैं
या हाथ मिलाते हैं
उनके होंठों से तिड़की हुई मुस्कुराहट
आपकी परिक्रमा करती है
आप जब किताबें पढ़ते हैं
तो अक्षरों पर फैल जाते हैं
उनके अमल और शिक्षाएँ

जब समाज के रूखे सीने पर
होता है तलवारों का नृत्य
जब गर्म लहू बकरे बुलाते हैं
या जब पेट की गड़गड़ाहट नारा बनती है
तो कभी रोते, कभी मुस्कुराते हैं—सलीब के गीत
तुम्हारे पास हल का फाल है या खराद की हत्थी
तुम्हारे पैरों में सुबह है या शाम
तुम्हारे अंग-संग तुम्हारे शहीद
आपसे कुछ उम्मीद रखते हैं।

[एक फटी-पुरानी कॉपी से]

मेरी बुलबुल

समय बड़ा कुत्ता है मेरी बुलबुल
बाग़ों से बाहर आ
और सड़कों पर भटकती आत्माओं की ओर देखकर

भौंकना या रोना शुरू कर दे
अब तुम्हारे गीत को सुनकर
कोई भी बीमार अच्छा न होगा
आख़िर यही था न गीत
जो वृक्षों की टहनियों पर ओस की तरह जम गया
और सूर्य के मामूली से टुकड़े से सहमकर
भाप बनकर उड़ गया

समय बड़ा कुत्ता है मेरी बुलबुल—
इसने घड़ी की सुइयों को काट खाया है
दीवारों को दाँत मारे हैं और गमलों पर पेशाब किया है
यह पता नहीं और क्या करता, यदि सरकार के बंदे इसे पट्य डालकर
बँगलों के फाटकों पर न बाँधते
मेरी बुलबुल अपने काम अब कुछ और तरह के हैं
अब हम जीने जैसी हर शर्त को हार चुके हैं
मैं अब आदमी की बजाय घोड़ा बनना चाहता हूँ
इन इंसानी हड्डियों पर तो काठी बहुत चुभती है
मेरी बराछों में लगाम पीड़ा पहुँचाती है
मेरे इंसानी पैर ग़ज़ल के पिंगल जैसी टाप नहीं करते
समय बड़ा कुत्ता है मेरी बुलबुल ...
... ...
... ...

[अधूरे अंश]

भाप और धुआँ

अंगों और रंगों में
अपनी लघुता के एहसास जितना फर्क है

जो भी शपित किरन
मेरे साथ टकराकर गुज़रती है
मेरी आवाज़ से बेख़बर है
हर सुलगती किरन
भटक जाती है समय की पीढ़ियों में
और वसीयत बनकर
हर शापित किरन
बेमौसम ऋतु में मारी जाती है
सूर्य तो कल फिर उगेगा
मुझसे फिर मरने के लिए
खुद को बचाया न जाएगा

मुझे अपने शब्द
पिरोकर रखने पड़ते हैं
एक क़तार में—
क्योंकि हर सीमा के
उस पार
दुश्मन खड़े हैं
मेरी छाया के गर्भ में
नाजायज़ संबंध पलते हैं
(हर किसी किरन से पहले मैं खुद को बनवास कह सकता हूँ)
और हर रोज़ जान-बूझकर
रम की सूली पर चढ़कर
कल के लिए तौबा की ज़मीन तैयार करता हूँ

तुमने तो सिगरेट पीकर
हाथों से मसल दी—
पैरों तले कुचले बिना
उसके अंगार
बस्ती को जला भी सकते हैं
मेरी छाती पर के
तेरे नाख़ूनों के चिह्न
ज़ख़्म के सिवा

काश ! कुछ और भी
कहलवा सकने के काबिल होते

कोई क्या फ़र्क़ करे
भाप और
धुएँ में।

बहार व बंदे

बहार की ऋतु में
कोई भी चाहता है
फूल सिर्फ़ फूल
या सुगंधित पत्ते बरगला जाते हैं

आओ हम गुमराह हुए लोग
सूखे सरकंडे के कुप्पों से
और जले हुए चूड़ी-सलोज[1] की राख से
बेशर्म सा गीत ढूँढे

जब हमारे गीत, पूरी जहालत से
फूलों से आँख मिलाएँगे
तो बहार का अभिमानी सौंदर्य
क्या भंग न होगा ?

लेकिन अभी तो बहार क़ातिल है
सभी चाहते हैं
फूल सिर्फ़ फूल
... ...
... .

[1. एक पौधे का नाम।]

कुजात

तुम आदमी की जाति नहीं
कुजात थे
जिसे पहली बार दुनिया पर
किसी जासूस की ज़रूरत पड़ी
तुम जिसने पहली बार
महाबलि इंसान का शिकार करने का सोचा
तुम्हारे भीतर कभी उषा ने न गाया होगा
तुम बहुत लंबी काली अँधेरी रात के पहले की शाम थी
तुम धुँधुआते आसमान को कंधों पर ढोकर
फेंक गए हो बीजों के भीतर सो रही हरियाली पर
दुनिया भर के शहीदों की झेली हुई पीड़ा से
मुश्किल से आधी अधूरी मापी गई है
तुम्हारी कुरूप लाश
तुम्हारी लाश की गंदगी, बदी के ख़िलाफ़ उठते हर हथियार
का दस्ता हो तुम
जिसे पहली बार किसी जासूस की ज़रूरत पड़ी
... ...

[फटे-पुराने काग़ज़ से मिली एक अधूरी कविता]

घास जैसे आदमी की दास्तान

ऊँट चराता तुम्हारा श्रवण वीर[1]
ऊँटों ने चर लिया है बहिन
वह अब तुम्हें कभी मिलने न आएगा

दिल तो बहुत चाहता था
सास से छिपाकर रखा घी
आकर निकलवाऊँ
या शुष्क चीनी की कटोरी
उसके माथे पर दे मारूँ
लेकिन नामुराद ऊँटों का अजीब क़िस्सा है
न ये खुद नज़र आते हैं
न इनकी धूल उड़ती दिखाई देती है
बस मसूढ़ों के चरने की आवाज़ आती है
जब वे चरवाहे के गीतों का ह्रास कर रहे होते हैं

मेरे तो दिल में था
कि ऊँटों के लिए मेरी आँखों में
फैली हरियाली ही बहुत है
लेकिन जब उन्होंने मेरे हाथ खा लिए
तुम्हारे ज्योति-रहित अंग और पिता
मेरे बहँगी न उठा सकने के बारे में
कुछ भी न समझ पाए
और अब तुम्हारा ऐसा ही चाव
गाँव की सीमा पर पेड़ पर टँगा है
किसी बिना इस्तेमाल किए कफ़न की तरह
बिफरे हुए ऊँट, बहिन
मुश्किलों से बचाए खेतों को
लताड़ रहे हैं।

[1. भाई।]

संसद

ज़हरीली शहद की मक्खी की ओर उँगली न करें
जिसे आप छत्ता समझते हैं
वहाँ जनता के प्रतिनिधि बसते हैं

उम्र

आदमी का भी कोई जीना है
अपनी उम्र कव्वे या साँप को बख़्शीश में दे दो

फ़तवेबाज़ी

दोस्तो यदि भिनभिनाहट तंग करती हो
नाक से मक्खियाँ
तो उड़ा लेना
लेकिन सफ़ाई का नाम देकर
पवित्र शब्द की मिट्टी पलीद न करना

['संसद', 'उम्र' और 'फ़तवेबाज़ी' कविताएँ एक काग़ज़ पर लिखी मिलीं।]

ग़ज़ल-1

दहकते अंगारों पर सोते रहे हैं लोग
इस तरह भी रात रोशनाते रहे हैं लोग।

न क़त्ल हुए, न होंगे इश्क़ के गीत यह
मौत की सरदल पर बैठ, गाते रहे हैं लोग।

आँधियों को यदि भ्रम है, अँधेरा फैलाने का
आँधियों को रोक भी पाते रहे हैं लोग।

ज़िंदगी का अपमान जब कभी किया है किसी ने
मौत बन कर मौत की, आते रहे हैं लोग।

तोड़ कर मजबूरियों की ज़ंजीरों को शुरू से
जुल्म के गले ज़ंजीर डालते रहे हैं लोग।

ग़ज़ल-2

डूबता चढ़ता सूरज रोज़ ही हमें सलाम कहे
पकड़ लो यह तो नक्सली है कैसी बात शरेआम कहे।

खेतों में चारे के दुम्बे मुक्कों की तरह तने हुए
खनक-खनककर वृक्ष शीशम का जूझने का पैग़ाम कहे।

ज़रा-ज़रा से रक्तिम बादल जुझारू अक्षर बने हुए
लोकयुद्ध अम्बर पर छपा, क्रांति का ऐलान कहे।

चिड़ियों का झुंड बेक़ाबू बना, झपट-झपटकर लौट जाए
बताए जाच गुरिल्ला युद्ध की, योद्धओं को प्रणाम कहे।

मौसम को जेलों में डालो, नहीं तो सबकुछ चला है
सवेरा कहे तगड़े हो फिर उठने के लिए शाम कहे।

ज़र्रा-ज़र्रा चीख़ रहा है कवियों का कुछ दोष नहीं
कवि तो सीधे-सादे होते, लिखते वही जो संग्राम कहे।

[संदेश, फरवरी 1973]

बिना शीर्षक कविताएँ

मैं जानता हूँ उन्हें, कैसे ज़रूरत पड़ने से वे
पिछले मौसमों तक को भी
हमारे सिर पर हथियारों की तरह तान लेते हैं

मैं जानता हूँ उन्हें
किस तरह कच्ची सोच को घेरा डालने के लिए
वे हज़ारों रास्तों से आते हैं

उन्हें जाच है
हमारे ही जिस्मों को
हमारे ख़िलाफ़ इस्तेमाल करने की

[एक कार्डनुमा काग़ज़ से]

मुझे पता है
प्रतिमानों की रेतीली दीवार से
माँ-बाप की झिड़कियों से
तुम्हारे गले लगकर
मैं रोऊँगा नहीं,
संवेदना के कोहरे में
तुम्हारे आलिंगन में याद ऐसे फैल जाती है
कि पढ़ी नहीं जाती
अपने ख़िलाफ़ छपती ख़बरें

मुझे पता है कि चाहे अब नहीं चलते
सुराख़वाले गोल पैसे
लेकिन पीछे छोड़ गए हैं वे
अपनी साजिश
कि आदमी अभी भी उतना है
जितना किसी को गोल पैसे के सुराख़ से नज़र आता है।

[एक दोस्त को लिखे 11.5.1975 के पोस्टकार्ड से]

नहीं, मैं अब यह देखने के लिए
जीवित नहीं हूँ
कि आप मुझे कैसे मारेंगे
कौन गिने कि
यातना की किस-किस अदा पर
आपने मेरा नाम लिखा है ?

नहीं, मैं अब यह देखने के लिए जीवित नहीं हूँ
कि उसके गाँव में किस शान से संध्या ढलती है
न मुझे यह पता है
कि पूरे चाँद की रात कैसे कटती होगी।

मेरे गहरे भीतर कहीं बादल गरजते हैं
मैं डरता हूँ उस तूफ़ान में
घोंसलों में मासूमियत सहित
तुम भी कहीं न भटक जाओ

मेरी दुनिया के लोग अभी इतने जंगली हैं
बिजलियों का मंत्र नहीं जानते।

चाँद भी अकेला है मेरी तरह
और उन सभी गुनाहगार लोगों की तरह
जिन्होंने अनुकूल स्थितियाँ न होने पर भी
जीने का दुस्साहस किया
शायद चाँद को पड़ोस की अनुपस्थिति अखरती नहीं
योगी साधुओं की तरह जो होने का महत्त्व खो देते हैं
हमारे नज़दीक बसे एकाकीपन जी रहे लोगों से
अपने स्वभाव की साजिश से
कहीं ऐसा तो नहीं चाँद ने भी सीख लिया हो ?
पेड़ जब खुसर-फुसर नहीं करते
और चुप खड़े रहते हैं भारतीय नागरिक की तरह
ख़ामोशी में बुझी हुई घरों की तार पर
मौसम फिसल जाते हैं जब
हरियाणा के विधायकों की तरह
गुरुद्वारे का स्पीकर जब गुरुवाणी की जगह
शोर उगलता है
हमारे ख़िलाफ़ ही जाता है
तो मुझे लगता है कि हमारे लिए
बनाई गई हमारी यह दुनिया
हमारे ही ख़िलाफ़ गवाही दे रही है।

बीते बरसों को पुकारते बोल
जैसे वातावरण में बुढ़ापा हुंकारी दे रहा हो

मुझे उनसे नफ़रत है
मेरे भीतर मौसमों की जो ऊँघ है
उनमें त्योहारों का चाव महकता है
मेरे अंग-अंग से स्वागत चहकता है
बच्चों की भरी-पूरी वर्तमान ख़ुशी के लिए
जो भूत और भविष्य से स्वतंत्र है
चक्की पर बोलते घुग्गू के लिए
पाटों से किर रहे स्निग्ध आटे के लिए

आओ देखो मेरे गाँव का सवेरा
चलती ख़राश में पिसता सुबह का अँधेरा
आओ महसूस करो, पथ पर चलता रोशनी का घेरा

शब्द एक-एक क्र जीवन से निकलते जा रहे हैं
और अपनी जगह ख़ामोशी की नमोशी छोड़ जाते हैं

जानवरों की तरह
उसने नील के किनारे लड़ाई की
जंगल के पाले हुए जानवरों की तरह
नासमझी की नदी
उसके सिर में बहती है

कई बार वह नील के ऐतिहासिक पानी मे
महरू की तरह खिल जाता
बदन से बारूद की बू धुल जाती
लेकिन उसके बदन पर
मिस्त्र के मैदानों में फड़फड़ाती मौत की जो गमक
चिपट जाती थी
कभी न धुल पाती
मैल की बत्तियाँ उतारते हुए या सिर से जुएँ खुजलाते
उसके सिर में बहती रहीं नासमझी की नदियाँ
और दुनिया के अनेक लोगों की तरह वह

अब वह उडता नहीं—सिर्फ़ भाग रहा है
—सिर्फ़ चल रहा है
—रेंग रहा है
(मैं भी) वैसे ही हूँ
पीठ पर बस्ता उठाए
हाथ में लैंप की सिगरेट
पैरों में बाट पकड़े हुए
मैंने नफ़रत करनी सीखी थी

लोग कहें मैं मर गया—पूरनसिंह
किसी की मेहर का छलकता प्याला जब तक आपके हाथों में है
आप जी सकते ही नहीं
छलकते हुए प्याले को पकड़े लीचड़[1] हाथ
कुछ तोड़ने का ढंग भूल चुके होते हैं

किसी भिखारी के हाथों से आप जीने की इबारत नहीं लिख सकते
किसी की मेहर का छलकता प्याला
जब हाथ से तड़ाक-से गिरता है
आप जीना शुरू करते हैं

[1. लिजलिजा और नीच का मिला-जुला भाव]

दुनिया में बिखरे छिटपुट को सँभालता
घरेलू आदमी हाँफ रहा है
घरेलू आदमी छिटपुट में बिखरे घर को
समेटता सँभालता मर जाता है
घरेलू आदमी की ओट में पूरा देश छिप जाता है
घरेलू आदमी सिर्फ़ घर के भीतर ही आदमी होता है
घरेलू आदमी धूप में छिपे पारदर्शी पंछियों का
शिकार करना चाहता है।

काम जो आदमी की नसों में
जीने की कँपकँपी बनकर बहता है
काम धरती के नीचे का बैल है
काम चमकता हुआ आकाश है
काम शमशान भूमि के आस-पास
ज़रखेज़ मिट्टी को क़ब्रों से अलग करता है।

कौन है
जो दूध, गेहूँ और कविता तक को
हमारे ख़िलाफ़ हमेशा कर देता है
कौन हमारे हाथों को—

नहीं
मैं भारत की खोज में निकला कोई कोलंबस नहीं हूँ
भारत तो सुना है एक देश होता है
और अमेरिका सुना है राज्यों का समूह होता है
किसी रानी का लंबा सुंदर हाथ
लेकिन शमशेर सफ़र का गाया जाना
        आदमी को मुबारक है
        ... ...
        महकती चरागाहों की चमक होती है।

[संभवतः 'यारों से संवाद' कविता अंश का प्रारंभिक रूप]

मैं अपने ज़हर का हमउम्र भी खोज लूँगा
बूँदों से भीगी मिट्टी से
चूने को हो आए आसमानों से
और बहुत ही कम सोचनेवाली
बहुत गहरी हज़ारों स्तंभित आँखों से
कव्वे हमारे खेतों पर उड़ रहे हैं
फ़सल के बाद
फ़सल फिसलती जा रही है

धरती हर गाभिन गाय की तरह
बहुत माँगें नहीं रखती
बस चुपचाप
कभी उड़ते हुए कव्वों
और कभी मुरझाए हुए मनुष्यों की ओर
देखती ही जा रही है
जिनके पास पीड़ा के बारे में सोचने की फ़ुरसत
बहुत महँगी है
अभी मैं ज़हर की नुमायश करने क़ाबिल नहीं हूँ
नहीं तो धूप से परेशान होकर
छोटी-छोटी परछाइयों के पीछे नहीं भागना था
नहीं तो इस तरह विनम्र होकर
ज़मीन में गड़े कागभगोड़ों के पास से
कौन गुज़रता है।

युद्ध हमारे लहू और हड्डियों से
शुष्क आँधी की तरह गुज़रेगा
सबकुछ पर अपना रंग छोड़ता
और बेसब्री से वर्षा के लिए तड़पाता हुआ
युद्ध की पीड़ा से
हमारी कौम के नक़्श उघड़ आएँगे
युद्ध के ज़ख़्मों से हम खिले हुए फूलों को
महसूस करना सीखेंगे
हमें तीव्र चुंबन लेने की जाँच आएगी
हम आकाश की स्वच्छता से
अपना अंतस् भर लेंगे

तब एक नया युद्ध शुरू होगा
ख़ुशगवार मौसमों के लिए

जब कष्टों से पाले गए प्यार फलेंगे
ज़िंदगी की धरती से
भूतकाल का बहा हुआ लहू
उठाकर मस्तकों पर लगाया जाएगा

[संभवतः 'युद्ध और शांति' कविता का हिस्सा, जो कवि ने प्रकाशित कविता में शामिल नहीं किया।]

आज के दिन
हम पूरा हिसाब साफ़ करना चाहेंगे
हम चाहेंगे
उन्हें बहुत कुछ याद दिलाना
याद—बहुत स्वादिष्ट लगे बच्चों के मांस की
कंजकों के मुश्किल से फूटते स्तनों की
हम उनकी फूँक से बुझ गई
हर चीज़ की याद दिलाना चाहेंगे
धर्मो फ़ौजन[1] की हथेली पर के इंतज़ार के दीपक की
चरवाहे महिंद्र को मुँहज़बानी याद दोहों की
धान सींचते हुए साँप के काटने से मर गई
तारे की जवान पत्नी की नाख़ून पालिश की

आज के दिन
हम कई बरस पहले मेले में रूठे देबे को मनाएँगे
आज के दिन
हम भुट्टों की गठरी से बिगड़े मोहने लुहार को
दिल चीरकर दिखलाएँगे
आज के दिन
हम देखेंगे
कच्ची शराब के घड़े से टूटी हुई बिंदर की यारी
साँझे ज़ख़्मों से कैसे मुँह चुराएगी

आज के दिन
हम पशुओं के कोठे में दबाए पेंचोंवाले
बरछे को मिल-जुलकर खोजेंगे।

['आज का दिन' कविता का अंतिम हिस्सा, जो पाश ने इसके प्रकाशित रूप में शामिल नहीं किया। 1. सैनिक की पत्नी।]

हममें से कितनों का संबंध जीवन से है
जबकि मैं देख चुका हूँ अपनी आँखों से
जबकि मैं सुन चुका हूँ अपने कानों से
ज़िंदगी तुम्हारे पथ में सैकड़ों रुकावटें हैं
तुम्हारे सिर पर लाखों गाड़ियों का बोझ है
हमारे साँसों को तरस गए गाँवों के पास से
गुज़रकर तुम कैसे आ सकती हो
जबकि राहों में धूप उड़ रही है
मंडियों को जाती अनाज की गाड़ियों की धूल
जबकि सड़कों पर पिघल रही है
तारकोल के नीचे बिछी हुई मनुष्यों की चर्बी
विश्वास रख हम तुम्हें निकाल लेंगे
टैंकों के शोर से
तुम्हारे कंधों से उतार फेंकेंगे
पत्थर के सिंहासनों का बोझ
फिर तुम्हें बरसों से नहीं
जिस्मों की हँसी से मापा जाएगा
मेरे गाँव की लड़कियों के सख़्त हाथों
के गिद्धे[1] में
तुम्हारे महकते बोलों को सुना जाएगा।

[1. लड़कियों का लोकनृत्य।]

टिमटिमाती एकाकी लौ वाला घर
ज़रूरी नहीं किसी वेश्या का ही हो
यह किसी विधायक का बँगला हो सकता है
शायद वहाँ मेंटल पीस पर रखे
महात्मा गाँधी के बड़े से चित्र के पीछे
मेरे बचपन में पराजित आदमियों की डिबिया पड़ी हो
— तब गोल पैसे चलते थे
 और मैं उतना सा ही था
 जितना किसी को पैसे के सुराख़ से दिखाई दिया
 और बाक़ी शायद समूचा ही—

अलग होती है हमेशा भाषणों की भाषा
लेकिन रोती माँओं और बहिनों की भाषा एक-सी होती है
अलग होती है भाषा
 जो जनगणना के रजिस्टर में दर्ज है
घरों से उठते मरसियों की भाषा एक-सी होती है।

जीने में व्यस्त लोग कब किसी को वक़्त देते हैं
कायर जन को क़त्ल का मौक़ा भी मुश्किल से ही मिलता है।

वे ही समझते हैं
चाँद की चाँदनी के गीतों से रिश्ते को

जिन्होंने पैरों से पढ़ा है भूगोल
जिन्होंने साँसों से सृजित किया है इतिहास

वे ही बता सकते हैं
ज़िंदगी में मोह का स्थान
जो नज़रअंदाज़ कर आए हैं
माँ की तड़पती बिलखन
महबूब के होंठों पर आई कोई पथराई ख़ाहिश

वे जानते हैं
चैत्र क्यों हँसता है
वे जानते हैं
सावन किसलिए है—
जिनके लिए मौसम का एहसास
काम खोजने न खोजने से जुड़ा है।

फिर सुना दिया गया है पुराना लतीफ़ा
फिर हमारे ज़िंदा होने की बात चली है
किसी आकाश में खोद दी गई थी
एक अंधी डरावनी खाई
हमारी हर सुबह फिसलकर उसमें जा गिरी
और हम लहूलुहान दिनों के टुकड़े लिए चलते रहे।

जीते हुए आदमी ! पसीने की, साँसों की महक के बग़ैर
तुम्हारे पास है ही क्या ?

जीते हुए आदमी ! लालसाओं, सपनों के सिवा तुम्हारी झोली में क्या है ?
तुम साम्राज्य से क्यों नहीं डरते, जीते हुए आदमी
उन्होंने पुलिस वकीलों पर बहुत ख़र्च किया है
समय हर बार तुम्हारे ही हक़ में क्यों गवाही दे देता है ?
क्यों ग़लत हाथों में आकर इतिहास मर जाता है
जो धूल और धुएँ से सुर्ख़ हुए नयनों में
बिना लिखे भी सलामत रहता है।

हम ठीक-ठाक हैं, अपना पता देना
पता देना समुद्र के नीचे सोए जहाज़ों का
पता देना सफ़र के शोर का
धुकधुकी का, उस धुकधुकी से रिसती धमक का पता देना
पता देना कि ईश्वर की मौत से
श्रद्धालुओं का क्या बना
(पता देना जिन्होंने ईश्वर क़त्ल किया
उन श्रद्धालुओं का क्या बना)

कुछ भाषा के, कुछ भावनाओं के जो क़साई उलझ पड़े थे
उनमें से कौन ताक़तवर रहा, जल्द पता देना

पता देना वे चोर पकड़े गए या नहीं
जिन्होंने अच्छी-ख़ासी हिंदी को कुछ-का-कुछ बना दिया
जिन्होंने बोल-बोलकर भाषा को कीचड़ बना डाला है

पता देना बाढ़ में
पानी के उतरने की लालसा बह गई या बच गई ?

शुष्क रेतीले इलाक़े में
जहाँ मेरा जन्म हुआ
मूँगफली और गेहूँ के इलावा
एक आदमी नाम की फ़सल भी उगती है
कि जिसे बाक़ायदा बीज-खाद
और सींचने की ज़रूरत होती है
लेकिन हम लोग हैं
जो ईश्वर-आसरे पलकर
—साथ—
यहाँ के लोगों का
ईश्वर से अजीब रिश्ता है
कि चलते हैं तो रेत फाँकते हैं
... ...

गेहूँ की बालियों से परे
जनरल डायर का मक्कार चेहरा हँसता है
पाँच प्यारों के गद्दीनशीनों ने
औरंगज़ेबी टोपी पहनी है
बैसाखी का मेला कौन देखेगा ?

[13 अप्रैल, बैसाखी के अवसर पर।]

इनसे मिलें
ये हैं आपके पुरखे
ये अब अपनी राख में जीते हैं
जीनेवालो, क्या आप इन्हें जानते हैं ?

हकूमत !
तुम्हारी तलवार का क़द बहुत छोटा है
कवि की क़लम से कहीं छोटा
कविता के पास अपना बहुत कुछ है
तुम्हारे क़ानून की तरह वह खोखली नहीं है
कविता के लिए तुम्हारी जेल हज़ार बार हो सकती है
लेकिन यह कभी न होगा
कि कविता तुम्हारी जेल के लिए हो।

हमारे लहू को आदत है
मौसम नहीं देखता, महफ़िल नहीं देखता
ज़िंदगी के जश्न शुरू कर लेता है
सूली के गीत छेड़ लेता है

शब्द हैं कि पत्थरों पर बह-बहकर घिस जाते हैं
लहू है कि तब भी गाता है
ज़रा सोचें कि रूठी सर्द रातों को कौन मनाए?
निर्मोही पलों को हथेलियों पर कौन खिलाए?
लहू ही है जो रोज़ धाराओं के होंठ चूमता है
लहू तारीख़ की दीवारों को उलाँघ आता है
यह जश्न यह गीत किसी को बहुत हैं—
जो कल तक हमारे लहू की ख़ामोश नदी में
तैरने का अभ्यास करते थे।

ईश्वर न करे कि हम भूल जाएँ
बर्छी की तरह हड्डियों में धँसे बरसों को

जब हर पल किसी अकड़ाए शरीर की तरह सिर पर गरजता रहा
जब क्षितिज़ पर
क़र्ज़ से बनी मिसाल से
नीलामी के दृश्य तैरते रहे
जब हम फूल-सी बेटियों की
        आँखों में आँखें डालने से सहमे
ईश्वर न करे कि हम भूल जाएँ
जब हमें इस्तेमाल किया गया
        धमकी भरे भाषण सुनने के लिए
ईश्वर न करे कोई भूल जाए
कैसे धरती के मासूम कपोलों पर
        रक्त छिड़का गया
जब चुने हुए विधायक
        अपनी बारी के लिए कुत्तों की तरह उत्तेजित होते रहे
और सड़कों पर हड़ताली मज़दूरों का शिकार होता रहा
जब रक्त सनी आँखों को
अख़बारों के पन्ने चिढ़ाते रहे
और असेंबलियों में हुई ठाठ-बाठ की चर्चा
बंगलौर में सीने छननी होने की सुर्ख़ी
निगल जाती रही
जब रेडियो साबित रहा
और मगरमच्छ मुख्यमंत्री
पेट में पड़ी लाशों को बेटों की जगह बताता रहा
जब धुन दिए गए शाहकोट[1] की चीख़ों को
एक ठिगने से डी.एस.पी. का ठहाका जाम करता रहा।

[1. पंजाब का एक क़स्बा]

थके टूटे बदन को
लेसले दिल के सहारे जोड़ लेते हैं

परेशानी में ज़ख़्मी शाम का
        तमतमाया हुआ चेहरा चूम लेते हैं
हम भी होते हैं, हम भी होते हैं

जुगनुओं की तरह पेड़ों में फँसकर भटक जाते हैं
लेकिन हम दहाड़ नहीं सकते
कभी रीं-रीं नहीं करते
हम रोज़ बेचैनी का पौधा चबाते हैं
हम भी होते हैं, हम भी होते हैं

हम धूप से घुल-घुलकर
दिन में रोज़ खपते हैं
अँधेरा सौ कुफ़्र तौले
हमारा अस्तित्व अँधेरे में भी साकार रहता है
हम रातों की रंगीनी का हिस्सा भी बँटाएँगे
हम रात में भी होते हैं
हम हर वक़्त होंगे।

जितना शक्तिवर और जैसा भी हो
मेरा तुम्हारे ईश्वर के बग़ैर ही गुज़ारा है
उस आराधना के बग़ैर
जो अच्छे-भले आदमी को
चरणों की धूल में बदल दे
उस शुक्राने के बग़ैर
जिसकी कोई वजह नहीं होती
उस ओट के बग़ैर
जो हमेशा ही ओट-रहित रखती है।

तुम ऐसे क्यों नहीं बन जातीं
जैसे ज़बान से गाए गीत होते हैं
हर बार तुम्हें तख़्ती की तरह क्यों लिखना पड़ता है
मुँहज़ोर संध्यायों के शोर में से
तुम्हारे बोलों को निथार सकना बहुत मुश्किल है
तुम्हारे शंख की घंटी की तरह लहरों में
टूटती आवाज़ के समान मैं चाहता हूँ
तुम अस्त होते सूर्य का दुःख बँटाओ
और ईश्वर के नाम की तरह मेरी रूह में तैरती रहो
देखो मुझे सितारों का सामना करना है
जैसे पराजित होने पर कोई गर्वीला
शत्रु की आँखों में झाँकता है
छोटी-छोटी लौ में
गुम हुई गानी की तरह
मुझे टोह-टोहकर ख़ुद को तलाश करना है।

जिस दिन तुमने पृथी को जन्म दिया
वह कौन-सा दिन था माँ ?
ईश्वर बनकर सभी कैलंडरों में
मैं वही दिन कर दूँगा

जिस रात को वे तुम्हारा पृथी ले गए
जिस जगह पर उसे यातनाएँ दीं
उस दिन धरती सुहागिन बन गई
सूनापन टहक उठा

कहाँ वह़ बूढ़ी चगल[1]
जिसकी गुंडा बाँह
कहाँ तुम्हारा कुल

नौ ही बरस का लाल[2]
पृथी तो धरती आकाश
सभी तुम्हारे नाम कर गया
बेअंते[3] जैसे
पैर रखने की जगह तलाश रहे हैं
तुम्हारा कोई क्या कर लेगा
तुम शेर बेटों की माँ हो
तुम्हारा कोई क्या कर लेगा—

[लोकप्रिय छात्र नेता पृथीपालसिंह रंधावा की हत्या पर। 1. नीच; 2. पृथीपाल रंधावा के नौ बरस छात्र नेता रहने की ओर संकेत; 3. पृथीपाल रंधावा का हत्यारा, जिसकी बाद में हत्या हुई।]

शूरवीरता में बुलाया जाता बकरा[1]
आधी-चिरी टाहनी की अपने ही बोझ से गूँजी कड़ा ··· क
अमली के क़ाबू में आई बकरी की में-में की ध्वनि
पहला बच्चा जन रही युवती की भय-मिश्रित चीख़
बेटों के दुत्कारे बूढ़ों का जोड़ों की पीड़ा से असम बेतुका हूँगना
बच्चे के लिंग से पहली बार मांस की परत हटते समय की
उत्सुकता, हैरानी, ख़ुशी व पीड़ा

अचानक मौत का चक्कर खाकर
पंजाली के साथ गिरे भैंसे के सिर पर मँडरा रहे
किसी अदृश्य पंछी का सहम
विधवा की आँखों पर आया आसमान
—मराते लौंडे का अपने लिंग की ओर देखकर आत्मा का मुरझा जाना
शौक़ से खुद निकाली शराब की बोतल दबाकर
उस जगह को भूल जाने का अफ़सोस
किसी का अपने हुस्न से ज़्यादा कुँवारे होने का गौरव
सी.पी.आई. कामरेड के घर की छत पर लहरा रहे

लाल झंडे की बेशर्मी
अनपढ़ लड़की का रेत में उँगलियों से उकेरा
झूठमूठ के अपने प्रेमी का नाम
गुरुद्वारे की अरदास में शामिल पुलिस टाउट के मुँह से
निकला सरबत का भला
बुज़ुर्ग हो गए युगल की आख़िरी बार की गई गृहस्थी की बेचारगी
गोली से शहीद हुए कामरेड के मुँह से निकले
इन्क़लाब ज़िंदाबाद का जोश
ज़ोरावर शरीक के दिए बदकार माँ के ताने की नमोशी
खेत में जल रहे गेहूँ के गट्ठरों की लौ में
हाथ में से किरकिर जाती मिट्टी को निकाली ग़रीब किसान की गाली
अहंकारी थानेदार के पैरों में पड़ी किसी शरीफ़ की पगड़ी से उठती
असुखद गंध
हस्तमैथुन करते भाई को अचानक देख लेने पर
शरीफ़ लड़की के मन में उगी शर्म व नफ़रत
शोक करने आइयों में जन्म दिए लड़के की नाखुश खुशी।

[1. मुँह से निकाली जानेवाली ख़ास ध्वनि।]

तुम्हारे रुक-रुक जाते पाँवों की सौगंध बापू
तुम्हें खाने को आते रातों के जाड़े का हिसाब
मैं लेकर दूँगा
तुम मेरी फ़ीस की चिंता न करना
मैं अब कौटल्या के शास्त्र लिखने के लिए
विद्यालय नहीं जाया करूँगा
मैं अब मार्शल और स्मिथ से
बहिन बिंदरो की शादी की चिंता की तरह
बढ़ती क़ीमतों का हिसाब पूछने नहीं जाऊँगा
बापू तुम यों ही हड्डियों में चिंता न जमाओ

मैं आज पटवारी के पैमाने से नहीं
पूरी उम्र भत्ता ले जाती रही माँ के पैरों की बिवाइयों से
अपने खेत मापूँगा
मैं आज संदूक़ के ख़ाली ही रहे ख़ाने की
भाँय-भाँय से तुम्हारा आज तक दिया लगान गिनूँगा

तुम्हारे रुक-रुक जाते पाँवों की सौगंध बापू
मैं आज शमशान भूमि में जाकर
अपने दादा और दादा के दादा के साथ गुप्त बैठकें करूँगा
मैं अपने पुरखों से गुफ़्तगू कर जान लूँगा
यह सबकुछ किस तरह हुआ
कि जब दुकानों जमा दुकानों का जोड़ मंडी बन गया
यह सबकुछ किस तरह हुआ
कि मंडी जमा तहसील का जोड़ शहर बन गया
मैं रहस्य जानूँगा
मंडी और तहसील बाँझ मैदानों में
कैसे उग आया था थाने का पेड़
बापू तुम मेरी फ़ीस की चिंता न करना
मैं कालेज के क्लर्कों के सामने
अब रीं-रीं न करूँगा
मैं लेक्चर कम होने की सफ़ाई देने के लिए
अब कभी बेबे या बिंदरो को
झूठा बुख़ार न चढ़ाया करूँगा
मैं झूठमूठ तुम्हें वृक्ष काटते को गिराकर
तुम्हारी टाँग टूटने जैसा कोई बदशगन-सा बहाना न करूँगा
मैं अब अंबेदकर के फंडामेंटल राइट्स
        सचमुच के न समझूँगा
मैं तुम्हारे पीले चेहरे पर
किसी बेज़मीर टाउट की मुस्कुराहट जैसे सफ़ेद केशों को
शोकमयी नज़रों से न देखूँगा
कभी भी उस संजय गाँधी को पकड़कर
मैं तुम्हारे क़दमों में पटक दूँगा
मैं उसकी ऊटपटाँग बड़कों को

तुम्हारे ईश्वर को निकाली गाली के सामने पटक दूँगा
बापू तुम ग़म न करना
मैं उस नौजवान हिप्पी को तुम्हारे सामने पूछूँगा
मेरे बचपन से अगली उम्र का क्रम
द्वापर-युद्ध की तरह आगे-पीछे किस बदमाश ने किया है
मैं उन्हें बताऊँगा
निःसत्व फ़तवों से चीज़ों को पुराना करते जाना
और बेगाने बेटों की माँओं के उल्टे-सीधे नाम रखने
सिर्फ़ लोरी के संगीत में ही सुरक्षित होता है
मैं उससे कहूँगा
ममता की लोरी से ज़रा बाहर तो निकलो
तुम्हें पता चले
बाक़ी का पूरा देश बूढ़ा नहीं है ...

पत्नी और बस एक बच्चा
और कुछ भी नहीं था पीछे छोड़ने के लिए
उसके पास
क़ब्र का एक पत्थर भी नहीं

अपने पीछे मरनेवाली जो छोड़ गई
एक मुरझाया फूल था और एक बच्चा
और कुछ भी न बचा पीछे
एक पोशाक तक नहीं उसके बाद

मरनेवाला जो बच्चा छोड़ गया पीछे अपने
टाँग एक मुड़ी हुई
और शुष्क आँसू
और पीछे कुछ न बचा
याद भी नहीं

मरनेवाला सिपाही जो छोड़ गया पीछे
एक टूटी हुई बंदूक़
और एक बेईमान दुनिया
और उनके पास कुछ भी तो नहीं
छोड़ जाने को पीछे अपने

मरनेवाले छोड़ गए जो अपने पीछे
एक मुझे जीते हुए
एक तुम्हें जीते हुए
और कुछ न बचा लेकिन
और कुछ भी न बचा लेकिन।

[*पाश की स्मृति में पुस्तक से*]

मैंने धैर्यपूर्ण दुस्साहस से
जो अद्वितीय कँपकँपी
तुम्हारे पक रहे अंगों के भीतर बोई थी
वह लाख ओटों के बावजूद
धड़ाधड़ बढ़ रहे पत्तों के अंधे ढेर के नीचे
उग रही होगी

तुम अपने पति को जिस नाम से याद करती हो
जानती हो ? यह मेरी ही सिखाई प्रतीक्षा है
जिस शिशु का तुम इतना ध्यान रखती हो
उसका पता
तुम्हारी छाती के भीतर मैंने अपने पोरों से
लिखा था
तुम्हारा कोई भी मेक-अप

(तुम्हारे) चेहरे से मेरी दस्तक की झुनझुनाहट
को कैसे दबा पाएगा ?
तुमने उसमें साँस लिए हैं
जो हवा मेरी दस्तक की टंकार से भरी हुई थी
तुम्हारा जिस्म कब, कहाँ और किसके पास खुला था—
अपने पूरे खुले दरवाज़ों के साथ
यह सवाल ही तब उठना था—
अपनी सभी आदतों, सोच
और उनके स्तर के साथ अपनी गर्वीली कुँआरी जान
सबसे पहले 'गर मेरी गोद में न रही होती
अलफ-नंगी
तुम्हारा नंगेज़ तब से बहुत दूर-दूर तक
घूमा-फिरा है लेकिन्
तुम्हारे कपड़ों की निचली डोरी का पहला सिरा
हमेशा ही बँधा रहा है
मेरी कलाई-घड़ी के साथ ···

[*पाश की स्मृति में पुस्तक से*]

मनुष्य
दिन की ढलान पर फिसलता
एक दूसरे को पकड़कर सँभालने के यत्न
शराबी हो रहा अँधेरा और बातों की ओट में
उनके लड़खड़ाते अर्थ

[डायरी, 1982]

समय के शुष्क समुद्र से उठती लहर
अपने मछली वक्र के सहारे ज़िंदा होगी

[डायरी, 1982]

बंद दरवाज़े पर खड़े
सपने में पुनः लौटने की कामना करते लोग
न जीने क़ाबिल और न मरने क़ाबिल ही रहे
हालाँकि सपने में जला रक्त भी ख़ास अपना था
सपने के भीतर या बाहर
सपने और सोच पर भी आपका पूरा-पूरा
वास्तविक अधिकार होता है
क्योंकि यह किसी की ओट से सोच-समझकर दी गई
बख़्शीश नहीं है

[डायरी, 1982]

तुम मेरे घर की तड़प को ही
मेरा घर समझना
जो भी चिन कर बनाएँगे
इमारत ही रहेगी
तुम भाप की गाती हुई लच्छी
जैसे खुद में ही खोई हो

तुम रास्तों की खुशबू हो ···
धूल से रिसती रोशनी हो

मैं उग रहा हूँ किसी सींची गई रात में
तुम मेरी कच्ची कलियों पर लहराती
सुबह बनना

मैं तुम्हारी सोच की आहट हूँ
तुम्हारी रगों में दौड़ रहे वक़्त की
झनझनाहट हूँ
तुम्हारी मुस्कुराहट में ढली हुई
घटना हूँ
तुम्हारी नज़रों में बिंधने के लिए
धरती हूँ, अंबर हूँ

मैं भ्रम हूँ तुम्हारे क़दमों में
जैसे रेत का घर
जब ज़रा-सा पाँव हिलाओगी
मैं भुरभुरा[1] जाऊँगा

[1. जैसे बताशा पानी लगते ही 'भुर' (पंजाबी शब्द) जाता है।]

समय ओ भाई समय
कुछ तो कह दो
हम तुम्हारे संग हो क्या कुछ करें ?
हमारा समय है गुनाहों भरा
कैसे पार जाएँ हम इस भवजल[1] से ?

[1. भवसागर]

साडे समियाँ विच

संकलन (1978) से

कल

कल हमारे गाँव में कुछ भी नहीं हुआ
परसों शायद नाजायज़ गर्भ था
कि गाँव के घूरे पर फेंक कर चली गई
किरनों की कें-कें
यों ही घरवालों से झिड़कियाँ खानी थीं
कि उसे तरस खाकर बठली में डाल लाईं
गोबर समेटती लड़कियाँ
वैसे कल का किसी को इंतज़ार न था ···

दूधवाले के साइकल की चेन
बहुत ही पुरानी थी कि ज़ख़्मी हो गए
बूरी भैंसों के रेशम जैसे थन
या गड़ गई हलवाहा के नंगे पैर में
घिसकर उतरी बैल की खुरी
या मर गया ट्रक के नीचे आकर
नाश्ते के पीछे जा रहा कुत्ता
बच्चे गोलियाँ खेलते रहे
छत पर खड़ी सरपंच की बेटी
बहुत देर केश सँवारती रही
कल हमारे गाँव में कुछ नहीं हुआ
कल भी हमारे मुँह थे—चिहरे नहीं थे
कल भी हम समझते रहे कि दिल ही सोचता है
रब्ब कल भी अंबर की नीलाई में क़ैद ही रहा
निराश चरवाहे के बाड़े में

उसकी कल भी ग़ैरहाज़िरी लगी
कल भी रहा हमें यक़ीं
कि मथुरा का राजा सचमुच
सुदामा का मित्र ही होगा, नहीं तो
पैर धोकर क्यों पीता—
कल भी हमें कृष्ण की आशा-सी रही
कल हमारे गाँव में कुछ भी नहीं हुआ
कल का किसे इंतज़ार था
कल से ज़्यादा हमें अच्छे से तंबाकू की चाह थी
क्या था 'गर न भी बजता दो बार मंदिर का घंटा ?

चिड़ियों का चंबा[1]

चिड़ियों का चंबा उड़कर कहीं न जाएगा
ऐसे ही कहीं इधर-उधर बाँधों से घास खोदेगा
रूखी मिस्सी रोटियाँ ढोएगा
और मैली चुनरियाँ भिगोकर
लुओं से झुलसे चेहरों पर फिराएगा

चिड़ियों का चंबा उड़कर कहीं नहीं जाएगा
यों ही कहीं इधर-उधर छिपकर
अकेला-अकेला रोया करेगा
शापित यौवन के मरसिए गाया करेगा

चिड़ियों के चंबे को ज़रा भी ख़बर न होगी
अचानक कहीं लोहे की चोंचों का जाल
उसके जितने आसमान पर बिछ जाएगा

और लंबी उड़ान का उसका सपना
उसके मृगनयनों से भयभीत हो जाएगा

चिड़ियों का चंबा मुफ़्त ही परेशान होता है
बाबल तो डोली भेजकर
उखड़े दरवाज़े को ईंटें लगवाएगा
और गुडियाएँ फाड़कर
पसीने से गले हुए कुर्ते पर पैवंद लगवाएगा
जब वह खुद ही गलोटों की तरह कात लिया जाएगा
चिड़ियों के चंबे को मोह चर्खे का ज़रा न सताएगा

चिड़ियों का चंबा उड़कर
किसी भी देश न जाएगा
सारी उम्र काँटे चारे के झेलेगा
और सफ़ेद चादर पर लगा
उसकी माहवारी का रक्त उसका मुँह चिढ़ाएगा।

[1. पंजाबी लोकगीत—'साड्डा चिड़ियाँ दा चंबा नी, बाबल असाँ उड्ड जाना' ('चिड़ियों दा चंबा' नौजवान लड़कियों के लिए प्रयुक्त)।]

सफ़ेद झंडों के नीचे

मैंने सुबहों को आसमानों से सँभाल-सँभाल,
सहज-सहज धरती पर रखा

मुझे क्या पता था मेरे ऐसे उतारे हुए दिन
किसी के लिए हफ़्ते, महीने और साल बन जाएँगे
और ऐसे संसार में क़त्लों का
एक घिनौना सिलसिला साँस लेने लगेगा

लोग जागेंगे—और उन्हें घुग्गुओं के सामने
मातहतों की तरह सलामी देनी होगी
रोज़नामचे खुलेंगे—और आँखें बंद कर
गर्म और गाढ़े रक्त के बारे में सोचा जाएगा
माशूक़ा ख़त लिखेगी
चौकों की बुझी आग पर
जिसे ज़रा भी उत्तेजित हुए बग़ैर
आधी छुट्टी उगल-निगलकर पढ़ेगी
सारा दिन बच्चे एक दशक के फ़र्क़ से
छर्रे छोड़ेंगे, फ़तह समझकर क़त्लगाह को

और आख़िर बात-बात पर दिल भर लेनेवाले बादल
बिना भभूके से जल उठेंगे
सबके सिरों पर से एक जलता हुआ जहाज़ गुज़रेगा
और एक ठंडे युद्ध में झोंके बिना वर्दी सिपाही
खंदकों को लौटते हुए सोचेंगे
कि शायद कभी झंडों से निकलकर
उड़ान भरेंगे सफ़ेद कपोत भी ...
और मैं जले हुए जहाज़ के धुएँ में खाँसता सोचूँगा
सुबहों को धरती पर धड़ाम से गिरने दूँ
हो सके तो बस नुकीले शब्दों से
शिकारी झंडों को कुरेदने की कोशिश करूँ
जिनमें जकड़े गए हैं
मेरी लाडो की छातियों से कबूतर।

आशिक़ की अहिंसा

पहला मुंडा मित्राँ दा
लावाँ वाले दा उज्र न कोई[1]

बात पहले लड़के की ही नहीं
पहले चुंबन की भी है
या सिर्फ़ एक बार निगाह भरकर देख सकने की भी—
उज्र जब भी कभी हुआ
तो मित्रों से ही हुआ है
लावाँ वाले के पास तो सिर्फ़ डंडा होता है
या समेत जूतों के लात

बात तो सिज़दों की सड़क पर चलने की है
वैसे मित्रों को कौन-सा लावों पर बैठना नहीं आता
भैंसों को वह नहीं तो कोई और चरा लेगा
और वह चूरी नहीं तो प्याज़ के साथ अचार ले आएगी
बात तो चौधरियों के शमले पर, परिंदों की तरह चहकने की है
वैसे मित्रों को कौन-सा बाँसुरी के बग़ैर हाजत नहीं होती

ऐसे ही चद्धड़ों की फ़ौज फिरती है
कहे बल्लमों से इश्क़ को कुचल देना है
कहे बेलों को टापों की मुहारनी पढ़ानी
बात तो बियाबान को सपनों का वर देने की है
या सदियों से उदास खड़े जंडों[2] की
धड़कन की चाट लगाने की
वैसे मित्रों को कौन-सा तरकश उतारना नहीं आता
बक्की[3] को कौन-सा हवा पर हँसना नहीं आता
बात कोई भी हो
लावाँ वालों के जब भी समझ में आई
मित्रों को तोहमतों के कंकड़ चबाने पड़े

वैसे आप कल नहीं—परसों आना
और जब भी किस्सों को पार करके
आपका आना हो—
मित्रों के पास अपना ही लहू होगा
और बहने के लिए नदियों के नए-नए मुहान

लावाँ वालों के पास कभी कुछ भी न होगा
सिवाय डंडे और जूतों समेत लातों के।

[1. एक लोकग़ीत की पंक्तियाँ—पहला पुत्र मित्र का होगा और पति को कोई एतराज़ न होगा; 2. वृक्ष का नाम; 3. लोकनायक मिर्ज़ा की घोड़ी।]

जोगासिंह[1] की आत्मालोचना

मैं यारो युद्ध में कहाँ छिपाऊँगा
अपने युद्ध से पहले के ज़ख़्म
तीन इकलौती लावें न तो मेरी ढाल बन पाएँगी
और न मरहम की डिब्बी

जब मैं चला था, पाँच ककार[2] घोड़े पर मेरे साथ बैठे--
घोड़े की लगाम को मैं अपने हाथों में महसूस करता रहा
इससे बेख़बर कि मेरी अपनी लगाम
जंगली रास्ते के पंजों में थी
जो कभी मुझे वेश्या के बँगले पर ले गए
और कभी जादू की झीलों पर
जहाँ पंछियों के गीत
निरंतर सीख रहे थे चैन से मरना

मैंने कभी सोचा नहीं था कि रास्तों की
अपनी भी कोई मर्ज़ी होती है
और तीन लावों का, छोटा-सा ही सही
अपना भी कोई इतिहास होता है ...
रब्ब जी, कब निकलेगा मेरे जिस्म से
तीन लावों का बुख़ार

जो मेरा छठा ककार बनकर रह गया है
गुरु से विमुख होता तो कोई बात न थी
अब तो जोगासिंह रकाब के बीच के पैर का ही नाम है—
और भँगानी तक पहुँचते, यह सिर्फ़ हाथ ही रह जाएगा
मैं कभी हाथ, कभी पैर होता हूँ, जोगासिंह कभी नहीं होता

और चौथी लाँव
कभी लगता है चौथी लाँव
बस किसी कल्पित दुनिया का
एक चमकता कोना है, जिसका, और कोना कोई नहीं होता

मैं यारो युद्ध में यदि हार भी गया
तो वह छहों ककारों की ही कोई तक़दीर होगी
जोगासिंह तो न कभी हारता है, न जीतता है
जोगासिंह तो तैयार-बर-तैयार, हुक्म का बँधा है
जोगासिंह तो न कभी हारता है, न जीतता है।

[1. गुरु गोविंदसिंह का एक सिंह, जो शादी बीच में छोड़ युद्ध में चला आया; 2. सिखों के पाँच ककार—केश, कड़ा, कृपाण, कच्छा व कंघी।]

जंगल से गाँव के नाम संदेश

मेरे गाँव ! कभी मुझे रात-बिरात मिलने आ
जब जेल के डोम पर बैठी—दहशत और ज़हालत की गिद्ध
अपने पैरों को समेट लेती है
सिर्फ़ दरबान जागते होंगे—उनका क्या है
तुम इस तरह आना !
जैसे जल रहे शमशान से बेख़बर गुज़र आता है परिंदा कोई

और छत्तीस चक्कियों के पास आकर पूछना
मेरा वह नज़रबंद कहाँ है, जिसकी नज़र
जैसे पोखर में तैरती नीम-सी दोपहर होती थी

लेकिन कहाँ—
इतनी फ़ुरसत होगी तुम्हारे पास
तुम तो व्यस्त होगे हवा को दिशा देने में
ताकि तूडियों[1] के ख़तम होने से पहले
मूँगफलियों की उड़ाई हो सके
और उन बच्चों के लिए रेत बिछा रहे होगे
जिन्होंने कोमल उँगलियों से 'अ' डालना सीखना है
और उम्र-भर 'अ' के चिब्बों से
छुड़ा नहीं सकना संसार अपना

मेरे गाँव, तेरी वीरानियों में तो झर रही होंगी
बार-बार ओट को देखती और शर्मा जाती
लड़कियों की अँगड़ाइयाँ
जो अभी इस बार जवान हुई

तुम तो चुग रहे होगे उस हँसी के कंकड़
जो उन जवानों के होंठों पर तिड़क गए
जिनकी इस तरह सगाइयाँ हैं टूट गईं
कि जैसे कशीदने के लिए तैयार हुई कच्ची शराब का
घड़ा टूट जाए—

तुम आख़िर गाँव हो, कोई सौंदर्यवादी शायर तो नहीं हो
जो इस फ़िज़ूल-सी चिंता में घिरे रहो
कि जाने कितने होते हैं दो और दो
तुम्हें तो पता है कि दो और दो यदि चार नहीं बनते
तो छील-तराशकर बनाने ही होंगे

तुम वीरता की बड़क हो मेरे गाँव
यहाँ न ही आना चोर-सा बनकर—

मैं ख़ुद ही किसी दिन लौट आऊँगा
मेरा तो जीना ही नहीं है
तुम्हारे कीचड़ में फिसले हुए क़दमों के नक़्श देखे बग़ैर
तुम्हारे जठेरों[2] की मढ़ी पर
दीपकों से मिलकर झिलमिलाए बग़ैर
मैं भला कैसे रहूँगा
साझे फ़र्श पर काँच तोड़े बग़ैर
जहाँ हारे हुए बूढ़ों ने बैठकर
पवित्र सच्चाइयों की बातें करनी हैं ···

[1. भूसा; 2. पुरखों।]

धूप में भी और छाया में भी

मेरे से ज़रा-सी दूरी पर मैं सो रहा हूँ
इसके बावजूद कि उनसे झगड़ा बहुत बढ़ गया है
जिनकी मुद्दतों से मेरे साथ कड़वाहट थी ···

यह ज़रा-सी दूरी ईख में ताक पर बैठी काली तीतर है
अँगड़ाइयाँ लेती उड़ान जिसके परों से, धीमे-धीमे मर रही है
यह ज़रा-सी दूरी शायद मेरी माँ की दिव्य दृष्टि है
जिससे करुणा का समुद्र धीमे-धीमे दुर्गंधित होने लगा है
यह ज़रा-सी दूरी, शायद वे बिना पढ़ी किताबें हैं
जिनमें ज्ञान के जगते वृक्ष, धीमे-धीमे अंधे हो रहे हैं

यह ज़रा-सी दूरी शायद किसी जल रहे कफ़न की जाग है
या रोही के वीराने में भटकते
धीमे-धीमे ठंडे पड़ रहे नग़मे का गिला है

यह ज़रा-सी दूरी अपने पास ही सोए हुए मेरे बदन को
दी गई लोरी है
यह ज़रा-सी दूरी कोई बहरी आँधी है
उन गीतों के बिना चुगे अस्तों पर बहती
जिन्हें मैं पहाड़ों और क़ायदों में अकेले छोड़ आया था
कई बार लगता है मुझसे ज़रा-सी दूरी पर सोया पड़ा
दुश्मन से मिला हुआ आदमी है
जो दंभी शांति के ठहरे हुए जल में
अपने सपनों को तैरना सिखा रहा है

मेरे से ज़रा-सी दूरी पर मैं सो रहा हूँ, इसके बावजूद
कि खौल उठी हैं वे झीलें
जिनमें मैंने परछाइयों की तरह ठहर जाना चाहा था
इस ज़रा-सी दूरी के बीच
मैं रोटी की तरह बासी हो रहा हूँ और क़ब्र की तरह पुराना
मैं भाषणों की दाद देनी सीख रहा हूँ
इसके बावजूद कि कबूतर रूठकर गुटकना छोड़ गए
और चिड़ियाँ मेरे घर की छत को छोड़कर
जंगलों में घोंसले बनाने लगी हैं ···

कलाम मिर्ज़ा[1]

तुम्हारी आँख भी सुना है सुरमा नहीं झेलती
सुना केशों में तुम्हारे भी कंघी चिहुँकती है
और सुना मेरा क़त्ल भी इतिहास के अगले पृष्ठ पर लिखा है
लेकिन शायद अब
सबकुछ पहले-सा न रहे
हो सकता है कि तुम्हें निकालने से पहले

मुझे रोटी निकाल ले जाए
और या मैं जंड[2] की बजाय किसी कुर्सी के नीचे
जमा हुआ ही काट दिया जाऊँ—
हो सकता है कि पहले की तरह अब कुछ भी न हो

मैंने सुना है मेरे क़त्ल की योजना
राजधानी में
मेरे जन्म से बहुत पहले ही बन चुकी थी
और पीलू शायर
आजकल विश्वविद्यालय में नौकरी पर लग गया है
शायद वह मेरे क़त्ल को
मामूली-सी घटना करार दे और शताब्दियों के लिए
किराये की नज़्में लिखता रहे
और पहले की तरह अब कुछ भी न हो
मेरे पास तीर अब काग़ज़ के हैं
जो पाँच साल में एक ही चलता है
और जिसके वह लगता है वह पानी नहीं
मेरा लहू माँगता है

मेरे बाप-दादा ने अपनी कमाई
शासकों के पेट में डाली थी
और तुम जानती हो
वे बाघ हैं—बक्की[3] नहीं
कि हमें दानाबाद पहुँचाने जाएँ
समय की बात होती है—इस बार तुम बेवफ़ा न होतीं
और मैं भाइयों के होते हुए भी
उन्हीं के सामने मारा जाऊँगा
इसीलिए मैं कहता हूँ
कि शायद सबकुछ पहले-सा न हो
वैसे तो तुम्हारी आँख भी
सुना है सुरमा नहीं झेलती
और सुना है तुम्हारे भी केशों से कंघी चिहुँकती है।

[1. पंजाब का प्रसिद्ध लोकनायक; 2.-वृक्ष का नाम; 3. मिर्ज़ा की घोड़ी।]

बड़-बड़ का शब्दनामा

उसे किसने कहा था कि मेरे में यूँ लड़खड़ाती रहे
तेरी ग़ैरहाज़िरी को
जैसे अपनी ही उतारी जूती को ढूँढता शराबी
प्यास के उगते मुहानों पर झूल जाए

उसे किसने कहा था, मेरी जाँबाज़ी को
कि रेतीले अँधेरे में फुंकारते हुए
तेरे क़दमों पर हथेलियों के बर्तन रखे
कि किसी लगन वाले खोजी की तरह
निहत्थे ही सूरज का इंतज़ार करे

उसे किसने कहा था कि मेरी मासूमियत को
कि उजड़े घोंसले के पास बैठी रहे
उड़ गए पंछियों के लौट आने की आशा में
और टूटे अंडों को जोड़ने की कोशिशें करती हुई

मैं नहीं चाहता इश्क़ की दास्तान बताने के लालच में
हर ऐरे-ग़ैरे बिंब के पास इक़बाल करता जाऊँ
अपनी तड़प का
मैं फिर भी पूछता हूँ उसे किसने कहा था
मेरे बिस्तर में बाँबी बना ले—उनींदे के नाग की
शायद किसी ने भी किसी को कुछ नहीं कहा
केवल झड़े हुए पत्तों पर ही चढ़ रही सीलन की ख़ुशबू
मेरी ठंडी पड़ी नज़रों से मिज़ाज पूछती है
और मुझे लगता है, किसी ने किसी को कुछ कहा होगा

कुछ कहना किसी का वैसे भी फ़िज़ूल है, मेरी मुहब्बत !
घमंडी ख़रगोश की तरह सोई हुई परछाइयाँ
शाम को जब तेज़ी से दौड़ेंगी

तो वहाँ पहले ही आराम करता मिलेगा
अँधेरे का कछुआ
रात की सीढ़ियों में।

शमशान-दर-शमशान

अब जो मेरे कंधों पर चाबुक लिए बैठा है
मुद्दत हुई, यह समय मेरे साथ किकलियाँ डालता
गेदें खेलता और दूर पराये कुओं पर
चोरी-चोरी निंबू तोड़ने जाया करता था

अब तो शायद साफ़ ही मुकर जाए
लेकिन तब तो रोज़-रोज़ मेरे अंग-संग रह घरवालों से गालियाँ खाता
ढीठ बनकर मेरी कमर को गुदगुदाता
और मैं लगातार हो रही बारिश से मुक्त हुए सूर्य की तरह हँस पड़ता

एक दिन मेरे हाथ में पकड़ा रह गया रूप-बसंत[1] का क़िस्सा
अचानक मेरी उम्र की लड़कियाँ
सीने पर चुनरी सँवारने लगीं
और मुझे पशुओं के गोबर से गंध-सी आनी हट गई

उस दिन रोहियों के शमशानों को हैरानी हुई
जब गाँव के बीच एक ज़रा-सी क़ब्र खोदी गई
मैं कई दिन अँधेरे सवेरे बचपन के मज़ार पर जाकर रोया
मुद्दत हुई—आँसुओं और मैंने जब एक-दूसरे से अलविदा कही
मुद्दत हुई—शमशानों को भुलाए—अपनी बेक़द्री पर हैरान हुए
मुद्दत हुई—मुझे सीखे हुए उलटे पैरों चलना

मैंने नक़्शे में चंडीगढ़ और दिल्ली ढूँढा
मुझसे तो लेकिन तहसील तक न पहुँचा गया
मैं रास्ते में पड़ते हड्डियों के ढेर के कुत्तों से डरता लौट आया

लौटा तो, आने तक चौपाल के बीच की क़ब्र
अब नहीं थी, अकेली व उदास
न्याय, चाहना और पागलपन की मढियों से
काफ़ी बदल चुकी थी

रोज़ थके किसान शाम को जलाया करते थे
लट-लट जलती गप्पों के दिए
मुद्दत हुई—मेरी दृष्टि में ठहर चुका
क़ब्र में जलते दियों का टिमटिमाता अक्स

मैं अब जहाँ खड़ा हूँ
हाथ-भर पर बिना भूकंप आए, मर गए मेरे घर का मलबा है

पाँच कोस पर थाना है
यों ही क़दम-क़दम पर आढ़ती, पटवारी और नंबरदार का दफ़्तर है
या कंधों पर बैठे वक़्त के हाथ के चाबुक की आवाज़ है

और कब्रिस्तान ?
आप जहाँ खड़े हैं
बिल्कुल, उसी जगह का पड़ा हुआ उलटा नाम है।

[1. पंजाब की एक प्रसिद्ध लोककथा।]

बेवफ़ा की दस्तावेज़

जानता हूँ—उसे ज़रा भी अच्छा नहीं लगता होगा
मेरे भीतर मरे पड़े भँगड़े की लाश को देखना,

गाँव से शहर, शहर से देश
और देश से बिना देश की हो गई मेरी प्यास के बनेरे पर सूख रही

अलगोज़े की कली उसे लगती होगी
किसी तिड़के रिकार्ड पर घरघराती सुई की तरह
उसे रोज़ के शराबी बाप की बडकों में सो गई आन की तरह
और-और-सा लगता होगा
मेरी आँखों में बिंदु जितना बच गया
क्षितिज तक फैले हुए खेतों का बिम्ब ···

जानता हूँ—वह भयभीत मृग की तरह बहुत-कुछ करेगी
चूज़ों का खुड्डा खोलते हुए काँप जाया करेगी यह सोच
कहीं निकलते ही चूज़े बाँग देनी न सीख जाएँ
और चढ़ जाएँ न आते त्योहारों की भेंट ···

शायद वह तोड़कर सारा गुहारा अकेला-अकेला उपला तोड़ेगी
शायद मिल जाए बेध्यान हो उतरकर गुम हुई तीन नग की मुँदरी

वह भोली-भाली तो खोजेगी नर्म कटोरियाँ ?
अनचाहे गर्भ की तरह ठहर गई
मेरी घरों को 'मकान' समझने ज़िद्दी बुद्धि का
कुछ इलाज करने के लिए—

अफ़सोस है—अब कोई भी छलाँग ढूँढ न पाएगी
उसके दूध के छन्ने में डूब चुका
मेरा ज़रा-सा अक्स
अफ़सोस—अब कभी न लौटेंगे
डोरियों संग उड़ गए पालतू कबूतर
और अफ़सोस
अफ़सोस की ज़बान सिर्फ़ उस्तादी है
फिर भी
किसी सहेली के 'माइयें' पर जब कभी उखड़ जाएगा
लड़कियों में उसका बोल—मैं खुद ही समझ जाऊँगा

गीत की अगली पंक्ति, यानि कि
बहुत ज़रूरत है मामा की उस ब्याहता को
इस नाजुक से समय में

फिर भी—वह निश्चित जाने
कि नाजुक समय नहीं, इंसान होता है
मैंने जहाँ झेल ली है, अकड़ा गई भँगड़े की लाश
गाँव से मनफी हो-होकर बची ख़ानाबदोशी—
और झेल सका हूँ बिंदु में सिमट-सिमट गई
विराटता की जुंबिश

चलो मैं राँझा न हो सकने का गुनाहगार सही
इतना नहीं गया-गुज़रा कि लिख न सकूँ
तेरे शगुन पर बोलने के लिए परिवार की ओर से शिक्षा
जहाँ पैदा होते ही पड़ते हों विरहों के गोते
या स्वर्गों में बैठा बाबा फूल बरसाता है
या इक्कीस बिस्तर, एक सौ एक बर्तन
गहनों में बदला, रोही का शरीफ़ बीघा
ऐसे कुछ भी न दे सकना—के मुहावरे में बदल जाता है
वह निश्चित जाने—हमेशा की तरह ही सुरीला होगा
सतिगुरु रामदास का 'सूही राग' आनंदों[1] के समय
वह निश्चित जाने बड़ी मुद्दत से सीखा है
क़ब्रों का पत्थर तीसरे दिन फट जाना
और सीखा हुआ है भँगड़े ने पुनः साबुत ही बाहर आना
वह निश्चित जाने बाराती कर ही देंगे मेरे नाचते हुए के सिर पर से वारने
जानता हूँ—ढोल और शहनाई की बिना जोड़ की सुर,
अस्पष्ट ही सही
किसी दूल्हे की मुट्ठी में पकड़ी तलवार
उसे ख़ूब समझेगी।

[1. सिखों की शादी की धार्मिक रस्म।]

दूतिक भाषा के ख़िलाफ़

जब मैं लड़खड़ाता बिल्कुल तुम्हारे क़दमों में गिरा था
तुम तो बुद्ध बन गए
लेकिन मैं तो अभी भी ज़ख़्मी पंखों से डोल रहा हूँ
मैं मानसरोवर से बहुत दूर किसी सूखे हुए बाग़ से बोल रहा हूँ
कि अब तुम्हें नहीं
कलिंग के मैदान में
आख़िरी साँस ले रहे सैनिक से कहता हूँ
इस तरह क्यों है
कि ज्ञान हमारी गर्दनों में पड़ी रस्सी की मरोड़ ही है
सैनिक, क्यों भला मुक्ति का रास्ता
तुम्हारी और मेरी आख़िरी हिचकी के ही दर से गुज़रता है

गया के वटवृक्ष को चले गए पदचिह्नों को क्या पता नहीं
कि वक़्त मेरी आँखों में बूढ़ा हो रहा है
उनमें मिल ही जाएँगे
यशोधरा के पदचिह्न किसी दिन आकर
फैलता मेरे लिए ही रहेगा हिमालय पर्वत हर पल
हे सैनिक, तुमने तो देखा है
इन नदियों के कभी इधर और कभी उधर फैलते
सिकुड़ते देश को—

और दूर चाँदनी रात के तीसरे पहर से मानसरोवर को
कभी भी पता न चला—आदमी क्यों और कैसे
कभी द्राविड़ और कभी आर्य बना
वह कभी जान न सका कि
कुरान शरीफ़ की आयतों और वेदों में कविता के छंद
क्यों धुआँ बनकर आदमी की नासिका और आँखों में चढ़े ?

और मानसरोवर का छोड़ा हुआ जल
कभी न लौटा—इनके किनारे आदमी की इज़्ज़त लूटते
ज्ञान की व्यथा बताने के लिए

सैनिक, मानसरोवर भला क्या जानता है
मैं उसके वाष्प का क़तरा
हवा की बाँह में बाँह डाले इस बार आम-सी तफ़रीह के लिए
क्यों नहीं लौटा

मानसरोवर कोई अब्दाली तो नहीं
और न मैं साबिर की तरह धमकी-सा संदेश लेकर आया था
लेकिन एक बात बताऊँ ?—शाहनवाज़ कहीं भी हो
सिर्फ़ एक बिना म्यान चमकती हुई चुप्पी
उसके संवाद के लिए शब्द बन जाती रही है—
और मेरे पंखों में सरसराता
माँ की छातियों से रिसता अमृत
कभी भी सातों में से किसी रंग की छाया में नहीं घुल पाया

और सैनिक, जानते हो ?
भाषा अशक्ति की वजह से किस क़द्र बदमाश है
कि ज़ख़्म के लिए 'इतिहास' नाम का शब्द प्रयोग करती है
ज़ख़्म-दर-ज़ख़्म की पीड़ा के लिए 'सभ्यता'

यह शायद उड़ते पंछियों को 'हंस'
और 'मोती' को मटर, मूँग या चावल समझती है
इसे बस यह पता है—मानसरोवर देश नाम की मूर्खता को
निर्मित करने के लिए नदियाँ बहाती है

इसे बस यह पता है—वेदों और आयतों की कविता धुआँ होती है
इसके लिए तो मानसरोवर केवल झील है, सन्नाटा है
इसके लिए तो हरिवल्लभ या तानसेन या गुलाम अली द्वारा
शब्दों को अमूर्त बना ध्वनियों में बदल देना संगीत है
इसके लिए आ रही मौत की आहट में हंस गाने लगते हैं—
सैनिक, वैसे तो अजीब-सा लगता है
सहक रहे आदमी को
हंस का कहना

लेकिन यह बदमाशी बस भाषा की है केवल
कि कविता धुआँ बन जाती है

और आदमी अंधा होकर छींकता हुआ
परेड करता—हुक्म बजाता
और बहादुरी के तमगे लेने के लिए
अपनी धड़कनों से ख़फ़ा हुए सीने को
शैतान के आगे करता है
और शैतान उसमें सोने की कील गड़ाकर
सोने को अनाज, अन्न को वोदका में बदलने के ढंग बताता है
और फिर वोदका इंसान को गीदड़
और फिर लोमड़ी और फिर बाघ
और बाघों को समाज कर देती है

सैनिक, बताओ भला एक हंस कैसे कहे
कि टालस्टाय बहुत देर से आया था
और असल कहानी
हल चलाते किसान की रोटी उठाने से बहुत पहले से शुरू थी—
हे सैनिक, 'गर ज़रा उठो
तो इस बदमाश भाषा को कलिंग की रणभूमि में ही मरती छोड़
कविलवस्तु के सिद्धार्थ तक चलें
और शंकराचार्य से मिलते हुए
उस ईस्ट इंडिया कंपनी को पूरा ही ज्ञान लौटा दें
तुम बाद में धरती के किसी भी नंगे टुकड़े पर जा बसना
सागर से यह कहे बग़ैर कि वास्तविक इतिहास तो वही है
और मैं मानसरोवर से तुम्हारे लिए नदियों के हाथ संदेश भेजा करूँगा
जिप्सियों के गीतों जैसे
रमज़दार आँखों से किर रहे रब्ब के बूर जैसे
झरने की रमज़ जैसे संदेश
सैनिक 'गर ज़रा उठो
सैनिक 'गर ज़रा उठो ··· !

उड्डदे बाजाँ मगर

संकलन (1974) से

मैं पूछता हूँ

मैं पूछता हूँ आसमान में उड़ते हुए सूरज से
क्या वक़्त इसी का नाम है
कि घटनाएँ कुचलती चली जाएँ
मस्त हाथी की तरह
एक समूचे मनुष्य की चेतना को ?
कि हर सवाल
केवल परिश्रम करती देह की गलती ही हो ?

क्यों सुना दिया जाता है हर बार
        पुराना लतीफ़ा
क्यों कहा जाता है हम जीते हैं
        ज़रा सोचें—
कि हममें से कितनों का नाता है
ज़िंदगी जैसी किसी चीज़ के साथ !

रब्ब की वह कैसी रहमत है
जो गेहूँ गोडते फटे हाथों पर
और मंडी के बीच के तख़्तपोश पर फैले मांस के
उस पिलपिले ढेर पर
एक ही समय होती है ?

आख़िर क्यों
बैलों की घंटियों
और पानी निकालते इंजनों के शोर में

घिरे हुए चेहरों पर जम गई है
एक चीख़ती खामोशी ?
कौन खा जाता है तलकर
टोके पर चारा लगा रहे
कुतरे हुए अरमानों वाले पट्ठों की मछलियाँ ?

क्यों गिड़गिड़ाता है
मेरे गाँव का किसान
एक मामूली पुलिसवाले के सामने ?

क्यों किसी कुचले जा रहे आदमी के चीख़ने को
हर बार
कविता कह दिया जाता है ?
मैं पूछता हूँ आसमान में उड़ते हुए सूरज से

ऐसे ही सही

हम बकरे बुलाते उन्हें अच्छे नहीं लगते
चलो ऐसे ही सही
वे तो बस शग़ल फ़रमाते रहे
मरसिए सुनते आए
दाद देते रहे ...

ज़िंदगी 'गर कविता-सी होती
हम ख़ामोश ही रहते
सपने 'गर पत्थर के होते
गीटों संग ही बहल जाते

पानी से 'गर पेट भर सकता
तो पीकर सो रहते
चाँदनी 'गर ओढ़ाई जा सकती
सिलकर पहन लेते ...

यहाँ लेकिन कुछ दिखाई नहीं देता
शांति-कपोतों जैसा
गीतों के दरख़्त नहीं मिलते
जिन पर झूले डाल लें ...

हमें तो छीननी है
अपनी चुराई हुई रातों की नींद
हमें देखना है ज़ोर
खून-सने हाथों का
उन्हें भला लगने के लिए
हम अब मरसिए नहीं गाएँगे ...

अस्वीकार

इन चार दीवारों का घेरा मेरा घर नहीं
जिसमें गुज़ारे पलों को
मैं उम्र कह दूँ
यहाँ सिर्फ़ कमरे की दीवारों पर
लिखा जा रहा है संवत् का विवरण ...
जब मैं इस कमरे में बंद किया गया
ज़िंदगी को साथ नहीं लाया था
उसे बाहर सफ़र को पकड़ा आया था

पवन को पहरेदारी पर बिठा आया था ···
बेड़ी पर लगी ज़ंग की तरह
मेरे जिस्म को भी आप दे सकते हैं
लेकिन क्या करेंगे सफ़र का
जो एक अमानत सँभाले हुए है
पवन का क्या करेंगे
जिसे कहीं हिसाब देना है
और उस कमरे के मलबे पर बनना है।

[जेल से]

द्रोणाचार्य के नाम

मेरे गुरुदेव ! उसी वक़्त यदि आप एक भील बच्चा समझ
    मेरा अँगूठा काट देते
    तो कहानी दूसरी थी ···

लेकिन एन.सी.सी. में
बंदूक उठाने का नुक़्ता तो आपने खुद बताया था
    कि अपने देश पर
    जब कोई मुसीबत आन पड़े
    दुश्मन को बनाकर
    टार्गट कैसे
    घोड़ा दबा देना है—

अब जब देश पर मुसीबत आ पड़ी है
मेरे गुरुदेव !
खुद ही आप दुर्योधनों के संग जा मिले हो

लेकिन अब आपका चक्रव्यूह
कहीं भी कारगर न होगा
और पहले वार में ही
हर घनचक्कर का
चौरासी का चक्कर कट जाएगा
हाँ, यदि छोटी उम्र में ही आप एक भील बच्चा समझ
मेरा अँगूठा काट देते
तो कहानी दूसरी थी ...

शब्द, कला और कविता

आपको शायद ख़बर न थी
उन बेवा पलों को दर्द महसूस करनेवाले की
जो पिरामिडों की पकड़ में नहीं आया
आप शिलालेखों की शाही मोहरों को ही
कविता की कला कहते रहे हैं ...

शब्द जो राजाओं की घाटी में नाचते हैं
जो प्रेमिका की नाभि का क्षेत्रफल मापते हैं
जो मेज़ों पर टेनिस-गेंदों की तरह फिसलते हैं
जो मंचों की बंजर ज़मीन पर उगते हैं
कविता नहीं होते

आप समझे थे
शब्द हवा में उड़ते पत्ते हैं
कि दिल्ली के निकासी पंखे
अपनी बेहया बदबूदार हवा के साथ
लिख देंगे समय का काव्य

लेकिन शब्द न तो डरते हैं, न मरते हैं
उन्होंने रक्त-सनी मिट्टी में
कभी ख़मीर नहीं आने दिया
जो दिन के 'अँधेरे' में वर्जित होता है
उसे रात की रोशनी में कर दिखाते हैं

टैगोर या ग़ालिब की दाढ़ी में
शब्द कविता नहीं होते
तिनका होते हैं

'गर बहुत मान है आपको
अपनी कला, अपनी फ़िलासफ़ी पर ·
तो खोलें अपनी सुनहरी जिल्दों वाले ग्रंथ
आपके शेक्सपियर ने
ज़िंदगी की हँसी में मौत के लतीफ़े का
क्या स्थान बताया है ?
आपके बीथोवन ने
माँ-बहिन की गालियों का क्या रिदम बताया है ?
महबूब की छाती के गीत वालों का
माँ के दूध
और दूध की लाज का क्या गीत लिखा है ?

सुनो

हमारे चूल्हे का संगीत सुनो
हम दर्दमंदों की पीड़ा-लिपटी चीख़ सुनो
मेरी बीवी की फ़रमाइश सुनो

मेरी बच्ची की हर माँग सुनो
मेरी बीड़ी के भीतर का ज़हर गिनो
मेरे खाँसने का मृदंग सुनो
मेरी पैवंदों-भरी पतलून की ठंडी आह सुनो
मेरे पाँव में पहनी जूती से
मेरे फटे दिल का दर्द सुनो
मेरी निःशब्द आवाज़ सुनो
मेरे बोलने का अंदाज़ सुनो
मेरे ग़ज़ब का ज़रा अंदाज़ करो
मेरे रोष का ज़रा हिसाब सुनो
मेरे शिष्टाचार की लाश लो
मेरी वहशत का अब राग सुनो
आओ आज अनपढ़ जंगलियों से
पढ़ा-लिखा इक गीत सुनो
आप ग़लत सुनो या ठीक सुनो
हमसे हमारी नीति सुनो

हाँ, तब

युगों से एक बेलन चलता है
जो पीसता जा रहा ऋतुओं की महक
आपका सौंदर्यशास्त्र कौन पढ़े
क्रंदनों चीख़ों की इस दलदल में
वे किस हद तक ढूँढेंगे
सलोने ताल शब्दों में से
अपने में ही निचुड़ता हो रक्त
जिनके अस्तित्व का पल्लू ···

यह अमल क़त्लों का
ख़तम करने के लिए
जिन्होंने दी है बाँह
वक़्त के बेलन में
वे आपकी कला-रुचियों को ही
बहलाने नहीं आए
न ही उनके रक्त की सड़ाँध से
आपको कोई सौंदर्य मिलेगा ...

आप चाहते हैं
हम महकती हुई शैली में लिखें
फूलों के गीत
सूखे घास पत्तों में ढूँढते हैं—
बहार की रूह
कितनी ग़लत जगह आ गए हैं आप !
यह सूखे पत्ते तो आज या कल जल जाएँगे
साथ ही भस्म हो जाएगी
वीराने की मारक दहशत
और धरती की बाँझ परत

फिर यहाँ भाग्य की तरह उगेंगे ख़ुशबुओं के बाग़
हाँ, उनसे माँग लेना
रूप की मिठास
आप उस मौसम से माँग लेना कोई भी सवाल
'गर तब तक आपकी जीभ पथरा न गई हो ...

लंका के क्रांतिकारियों से[1]

लंका के हमराही मेरे, जुझारू वीर संग्रामी
मैं अदना भारतीय तेरी कचहरी में हाज़िर हूँ

तुम्हारा रोष भी सच्चा है और मेरी अर्ज़ भी सच्ची है
न तुम बेगाने हो, न मैं ही तुमसे इंकारी हूँ

तुम्हारे परखचे उड़ाने को, तुम्हारे सपने बिखेरने को
मेरे देश से 'गर तुम्हारे लिए सौगात आई है
यह बात कोई अजूबा नहीं है तेरे लिए न मेरे लिए
पुरानी बात है यार, चोर ने चोर से यारी निभाई है

तुम्हारे भी दिल में शोले भड़के, मेरा भी ख़ून खौला है
'गर हथियार उठाए तुमने, मैंने कब सब्र किया है
मेरे लंका के वीर, हम एक ही दर्द जी रहे हैं
मेरा रक्त राम ने पिया, तुम्हारा रावण ने पिया है

रक्त पिलानेवाले जब कभी चौकस होते हैं
इन्हें रक्त पिलाने का नशा नहीं रहता
इस वानर कौम को जब सच की पहचान होती है
तब फिर राम और रावण में कोई फ़र्क़ नहीं रहता

यह इंदिरा जिसने तुम्हें मौत का पैग़ाम भेजा है
स्विट्ज़रलैंड में जन्मी, लंदन की बेटी है
इसकी साड़ी में डालर है, इसकी अँगिया में रूबल है
इसे मेरे देश की कहना, मेरे देश की हेठी है

तुम सच मानना, हर लड़की मेरे देश की इंदिरा नहीं
मेरी धरती में उगती है, अजिता बहिन[2] की हिम्मत
तुम आज भी देख सकते हो, जुल्म की मार के थप्पड़
'गर लंका के बहादुर देखो तुम केवल कौर[2] का चेहरा

मैं खुद बंद हूँ सींखचों में, तुम्हारे लिए कुछ भेज सकता नहीं
तुम भर देना आज़ादी-हीर की माँग में खुद सिंदूर
जब यह लोहे के हरकारे, तुम पर बम फेंकेंगे
तुम जूझोगे, मेरे साथी भी बदला लेंगे पूरा

आ लंका के वीर, एक इक़रार हम कर लें
धर्मयुद्ध में जूझने का, दशहरा रोज़ मनाने का
हक़ों की सीता पर जुल्म किसी का होने न देंगे
कि दस हों या सौ[2], उतारें शीश रावण का

[1. 1971 में लंका में उठे विद्रोह पर जालंधर जेल में लिखी कविता; 2. केरल और पंजाब की क्रांतिकारी औरतें।]

अहमद सलीम के नाम[1]

[युद्धबंदियों को समर्पित]

ओ क़लम के मज़दूर, ओ मेरे अहमद सलीम
चूमकर सींखचे, मेरे ताज़े बने रिश्ते के वीर
मैं भी हूँ जेलों का शायर, मेरा भी इश्क़ हैं लोग
तुम्हें सताते हैं पिंडीवाले और मुझे दिल्ली के तीर

तभी तो पकड़े जाने पर तुम्हारे, चिल्ला नहीं उठा था मैं
मैं तो खुश हुआ था कि हो गई तुम्हारी कविता जवान
साथ ही मेरे घर में भी थे, जल रहे ढाकें अनेक
यहाँ भी चिंघाड़ रहा था, भेस बदले यहिया ख़ान

मैं बड़ा हैरान था, क्रंदन मचाते दंभियों को देखकर
जो तुम्हारे सींख़चों के पीछे होने पर थे रोते चीख़ते
जलते घर की ओर पीठ कर, रेत फेंकते पड़ोस में
मैं दुखी था, थूक रहे हैं मुँह पर मेरे यार के

मैं नहीं कहता, क़ातिल कहीं भी हों मुआफ़
मैं नहीं कहता कहीं भी, शोषण है जायज़

मैं तो कहता हूँ शोषक बदलना मुक्ति नहीं
भारत-पाक बनियों क़ी, एक-सी है बही

मैं तो कहता हूँ, आज़ादी दानों की मुट्ठी नहीं
दान जो हो सके, पैसे से जो ख़रीदी जा सके
यह तो वह फ़सल, जिसे रक्त से सींचते हैं लोग
यह नहीं कोई प्रेम-पत्र, कबूतर जिसे ला सके

बेटे खानेवाली डायन, घर में कोई छोड़ा नहीं
नरम सीने खाने का, जिसे पड़ा हो स्वाद
ज़िंदगी की क़लम वह औरों के घर लगा सकती नहीं
वह खिला सकती नहीं, हमसायों के आँगन में बाग़

आ दिखाऊँ तुम्हें मैं बंगाल के रिसते हुए ज़ख़्म
आ तुम्हें दिखा दूँ मैं आंध्र के दिल में सुराख़
यदि तुम्हें चाहिए इस आज़ादी बाँटती देवी के दर्शन
आ मेरे पंजाब के जलते हुए मोगे[2] को देख

तुम्हारे पकड़े जाने पर जो गा रहे थे हमदर्दी के मरसिए
बहुत मचाते थे जो याहिया ख़ाँ के जुल्मों का शोर
पुतले जो लोकतंत्र के, उनकी जेलों के भीतर
आ तुम्हें सुँघा दूँ, जलते हुए यौवन की गंध

न हमने जीता है युद्ध, और न हारे हैं पाकिस्तानी कहीं
यह तो पापी पेट थे जो पुतलियाँ बनकर थे नाचे
अभी तो बस पेट ही पेट हैं, आदमी पूरे नहीं
अभी न दुश्मन हैं हम, न किसी के हैं सगे

अभी तो जंगबाज़ों की टोली, चुहल कर रही
जलाकर ढाका को, बहले आम के फूलों से
इसे कविता जगाती है, छंब[3] किनारे खँडहरों में
इश्क़ होता है, धुँधुआई धरती के होंठों से

न तो वे मर्दे-मुजाहिद, न वे क़ैदी जंग के
न उन्होंने लूटी इज़्ज़तें, न उन्होंने फेंके हथियार
न पैर उनके पास, न शीश उनकी गर्दनों पर
क्या उन्होंने हारना और क्या उन्होंने जीतनी है जंग

उनकी ख़ातिर तुम क्यों नहीं बोलते अहमद सलीम
जिस्म जो अत्याचारियों के हुक्म में बँधे पड़े
तड़पते हुए जो चले गए अपने परिवारों से दूर
तड़पते हैं आज भी वे भारत में बँधे हुए

हर दूसरे-तीसरे दिन जब फुंकारता है रेडियो
भागते हुए पेट कुछ टकराए संगीनों से
क्यों तुम्हारी दयालु क़लम कभी रोई नहीं
क्यों तुम्हारे कोमल ख़यालों में नहीं आता भूकंप

तुम्हारी वह हमदर्दी भरी आत्मा कहाँ गई
या है तुम्हें ख़ौफ़, टूटे न भारत में तुम्हारा मान
जो तुम्हें ऐलानते थे, पैग़ंबर सच का
अब कहीं कह न दें, एक नाशुक्र मुसलमान

मैं नहीं कहता मुहब्बत में पिघल जाया न करो
मैं नहीं कहता, टक्कर जुल्म से लिया न करो
मैं तो कहता हूँ जुल्म की जड़ों से पहचान करो
गरजते पत्तों पर थूककर लौट जाया न करो

आओ हम पेटों से कहें, सिरों की ख़ातिर लड़ें
बनकर पूरे जिस्म, अपनी क़िस्म की ख़ातिर लड़ें
फिर बनाकर जंगी क़ैदी, पूरी देंगे सज़ा
अभी तो बस यारो, बस अपने जिस्म की ख़ातिर लड़ें

[1. पाकिस्तान के पंजाबी कवि अहमद सलीम के 1972 में पंजाब आने पर लिखी कविता; 2. पंजाब का एक क़स्बा; 3. भारत-पाक सीमा पर स्थित गाँव।]

उसके नाम

मेरी महबूब, तुम्हें भी गिला होगा मुहब्बत पर
मेरी ख़ातिर तुम्हारे बेक़ाबू चावों का क्या हुआ
तुमने इच्छाओं की सुई से जो उकेरी थी रूमालों पर
उन धूपों का क्या बना, उन छायायों का क्या हुआ

कवि होकर कैसे बिना पढ़े ही छोड़ जाता हूँ
तेरे नयनों में लिखी हुई इक़रार की कविता
तुम्हारे लिए सुरक्षित होंठों पर पथरा गई है री
बड़ी कड़वी, बड़ी नीरस, मेरे रोज़गार की कविता

मेरी पूजा, मेरा ईमान, आज दोनों ही ज़ख़्मी हैं
तुम्हारी हँसी और अलसी के फूलों पर नाचती हँसी
मुझे जब लेकर चले जाते हैं, तुम्हारी ख़ुशी के दुश्मन
बहुत बेशर्म होकर खनकती है हथकड़ियों की हँसी

तुम्हारा दर ही है, जिस जगह झुक जाता है सिर मेरा
मैं जेल के दर पर सात बार थूककर गुज़रता हूँ
मेरे गाँव में ही सत्व है कि मैं बिंध-बिंधकर जीता हूँ
मैं हाकिम के सामने से, शेर की तरह दहाड़कर गुज़रता हूँ

मेरी हर पीड़ा एक ही सुई की नोक से गुज़रती है
है लुटी शांति सोच की, क़त्ल है जश्न खेतों के
वे ही बन रहे हैं देखो तुम्हारे हुस्न के दुश्मन
जो आज तक चरते रहे हमारे खेतों का हुस्न

मैंने देखा है ओस से नहाते गेहूँ के बदन को
देखने पर मुझे उसके मुख पर आई लाज भी दिखी है
मैंने बहते खाल के पानी पर बिंधती देखी है धूप सूरज की
मैंने रात सपने में वृक्षों को चूमते देखा है

धरेक[1] के फूल पर गाती महक को मैंने देखा है
कपास के फूलों में ढलती टकसाल को मैंने देखा है
चोरों की तरह खुसर-फुसर करती चरियों को मैंने देखा है
सरसों के फूल पर ढलती शाम को मैंने देखा है

मेरा हर चाव इन फ़सलों की मुक्ति से जुड़ा है
तुम्हारी मुस्कान की गाथा है, हर किसान की गाथा
मेरी क़िस्मत है बस अब बदलते हुए वक़्त की क़िस्मत
मेरी गाथा है बस अब चमकती तलवार की गाथा

मेरा चिहरा आज तल्ख़ी ने ऐसे खुरदुरा बना दिया है
कि इस चिहरे पर आकर चाँदनी को खुजली-सी लगती है
मेरी ज़िंदगी के ज़हर आज इतिहास के लिए अमृत हैं
इन्हें पी-पीकर मेरी कौम को होश-सी आती है।

[1. वृक्ष का नाम।]

गीत-1

अंबर पर न चाँद न घटा
आँगन में फूल न हवा
दिल मेरा कहाँ गया
दिल मेरा कहाँ गया
पलों के प्रौढ़ होते काफ़िले की परवाह न की
दर्दों के चौड़े होते फ़ासले की परवाह न की
मौसमों का खा लिया दगा
मौसमों का खा लिया दगा

यार मेरे सूरजों की जड़ों में जाकर बैठ गए
मौसम के दुखांत को वे और आगे ले गए
पाँवों में झुका लिया खुदा
पाँवों में झुका लिया खुदा

न बहुत देर टुकड़े तमन्ना के उठाए
न बहुत देर खिड़कियों में फूलदान सजाए
हँसी को करा लिया ज़िबह
हँसी को करा लिया ज़िबह

भगोड़ा बनने न देना दिल चंदरे को आज
तोड़ देनी चाबियाँ—गुम हुए ताले की आज
सुनी हमने चुप की सदा
सुनी हमने चुप की सदा
अंबर पर चाँद न घटा
सुनी हमने चुप की सदा
पाँवों में झुका लिया खुदा
हँसी को करा लिया ज़िबह
दिल मेरा कहाँ गया।

गीत-2

कौन दे धरवास[1]
खड़े होकर पास
है भुर गए बताशे जैसा
जीवन का इतिहास—

मिट्टी में मिट्टी हुआ
मिट्टी जैसी खेलें
मुझसे रूठा रूठा मेरा
बचपन चला गया ऐसे
जैसे रूठा हो महबूब
न करे हंगामा
और मन का आँगन रहे उदास
कौन दे धरवास
खड़े होकर पास

उम्र के दरख़्त से लंबी हो गई
फ़िक्रों की परछाइयों ने
मुझे रेशम की तरह खा लिया
लोहे को घटनाओं ने।

[1. सांत्वना।]

गीत-3

पाँव की मिट्टी, पहाड़ बन जाना
तिनकों की झोंपड़ी, मीनार बन जाना
अपनी कमाई सम्हाल रखना
ओ किरती की झोंपड़ी ...

लाख लाख का तेरा तिनका
ओ किरती की झोंपड़ी
युगों की सृष्टि तुम्हारे तिनकों में खेलती
सदियों से आई ग़ुलामी तुम झेलतीं

हो जा होशियार, आई है बहार
अब मिला अंबरों से आँख
ओ किरती की झोंपड़ी ···

उठ तेरे वारिसों का आ गया ज़माना
हवाओं में गूँजा आज़ादी का तराना
जनता उठाए हथियार आज बाँधकर क़तार
लेनी दुश्मनों की क़तार उन्होंने रोक
ओ किरती की झोंपड़ी ···

कई तेरे वारिसों ने दी ज़िंदगी वारी
जिस रास्ते पर गया था सराभा करतार
वही बन गया रास्ता, सारी दुनिया गवाह
कोई पूछ ले हाकिमों से बेशक
ओ किरती की झोंपड़ी ···

कल बाबा बुड्ढा [1] मारा एक पुलिस ने
सीने में गोली खाई बाबू व दलीप [1] ने
पूरी की है रस्म, दयासिंह [1] की क़स्म
बात रही न हकूमतों के वश
ओ किरती की झोंपड़ी ···

युगों तक रहेंगी यह गाथाएँ मशहूर
लिखे इतिहास जो गाँव दद्दाहूर [2]
बाजों वाले की कटार, आज रही ललकार
उसने काट काट देने दुश्मन रख
ओ किरती की झोंपड़ी ···

झोंपड़ी री अब पासबान तेरे जाग उठे
जागे तेरे खेत, किसान तेरे जाग उठे
खोली आँख मज़दूर, अभी जाना बहुत दूर
उसने छीनना अभी ज़ालिमों से हक री
ओ किरती की झोंपड़ी ···

पैरों की मिट्टी पहाड़ बन जाना
तिनकों की झोंपड़ी, मीनार बन जाना
अपनी कमाई सम्हाल रखना
ओ किरती की झोंपड़ी ···
लाख लाख का तेरा तिनका
ओ किरती की झोंपड़ी ···

[1. पंजाब में पुलिस के हाथों मारे गए विभिन्न कम्युनिस्ट क्रांतिकारी; 2. पंजाब का एक गाँव, जहाँ पुलिस ने बहुत अत्याचार किए थे।]

गीत-4

सोने की सवेर जब आएगी ओ साथी
अंबर नाचेगा धरती गाएगी ओ साथी

मिहनतों का मोल ख़ुद आँकेंगे लोग
धरती पर स्वर्ग बनाएँगे लोग
एक सी ख़ुशी होगी सबके जीने के लिए
बचेगा न शोषक कोई लहू पीने के लिए
लाल झंडा लहराएगा ओ साथी

कोई फ़ुटपाथ पर भूखा नंगा न सोएगा
सबके लिए जीने का सामान होगा
किसी की कँवारी इच्छाएँ न कुचली जाएँगी
ग़रीबं के दिल पर आरियाँ न चलेंगी
डरेगा न कोई न कोई किसी को डराएगा ओ साथी

भूखा किसी माँ का बच्चा न रोएगा
सबके साथ इंसाफ़ होगा

युगों से कुचले ज़िंदगी में आएँगे
जनता के दुश्मन पूरी सज़ा पाएँगे
तगडा कमज़ोर को न सताएगा ओ साथी

वैर-भाव और जलन ख़तम हो जाएगी
मज़हबों की दीवार टूट जाएगी
दुनिया पर एक ही जमात होगी
रोज़ ही दीवाली की रात होगी
पेट भर-भर खाएँगे कमानेवाले ओ साथी
सोने की सवेर जब आएगी ओ साथी
अंबर नाचेगा धरती गाएगी ओ साथी।

[नोट : गीतों का अनुवाद कभी भी वह आनंद नहीं दे पाता, जो उसका मूल रूप व लय है।—अनुवादक]

तीन गीत

[1]

न तो आसमान पर चाँद है और न ही घटा छाई है
आँगन में फूल या हवाएँ भी नहीं हैं
फिर मेरा दिल कहाँ चला गया

न तो हमने उम्र के प्रौढ़ होते काफ़िले की ही परवाह की
और न ही दर्द के चौड़े होते फ़ासले की ही चिंता की
मौसमों की बेवफ़ाई हमने खा ली

मेरे यार सूरज की जड़ों में जाकर बैठ गए
वे ऋतुओं के दुखांत को और आगे ले गए
ख़ुदा भी झुक गया उनके क़दमों पर

बहुत देर तक तमन्नाओं के टुकड़े हमने उठाए ही नहीं
बहुत देर तक खिड़कियों में गुलदस्ते सजाए भी नहीं
हँसी को क़त्ल ही कर लिया

आज इस चंदरे दिल को भगोड़ा नहीं होने देना
आज तो ताली गुम हुए ताले को ही तोड़ देंगे
हमने चुप की आवाज़ सुन ली है

आसमान पर न चाँद है न घटा
हमने चुप की आवाज़ सुन ली है
क़दमों में खुदा झुका लिया है
हँसी को क़त्ल करा लिया है
मेरा दिल कहाँ चला गया है।

[2]

जीवन का इतिहास चूर हुए बताशे जैसा है
कौन इसके पास रुककर इसे सांत्वना दे

यह मिट्टी में मिट्टी हो गया
मिट्टी जैसी ही इसकी सेलें हैं
मेरा तो बचपन भी मुझसे रूठे ही रूठे
ऐसे गुज़र गया
जैसे महबूब रूठा हो
यह शोर नहीं करता
मन का आँगन उदास रहता है
सांत्वना कौन दे

चिंताओं की परछाइयाँ
उम्र के वृक्ष से भी लंबी हो गईं
मुझे तो लोहे की घटनाओं ने
रेशम की तरह ओढ़ लिया

[3]*

पाँव की मिट्टी तुम पहाड़ बन जाना
तिनकों की झोंपड़ी तुम मीनार बन जाना
श्रमिक की झोंपड़ी—
तुम अपनी कमाई सँभालकर रखना

तुम्हारे तिनकों में युगों का निर्माण खेल रहा है
और सदियों से तुम ग़ुलामी झेलती आ रही हो
अब तुम होशियार हो जाओ, बाहर बहार आ गई है
अब तुम आसमानों से नज़र मिलाओ
श्रमिक की झोंपड़ी ...

उठो, अब तो तुम्हारे वारिसों का ज़माना आ गया है
अब हवाओं में आज़ादी का तराना गूँज रहा है
आज तो लोगों ने क़तारों में बँधकर
हथियार उठा लिए हैं
अब तो वे दुश्मनों की फ़ौज को रोक ही लेंगे
श्रमिक की झोंपड़ी ...

तुम्हारे कई वारिसों ने तो जानें क़ुर्बान कर दीं
जिस रास्ते पर करतार सराभा चला था
सारी दुनिया गवाह है कि अब वही रास्ता बन गया है

चाहे तो कोई शासकों से ही पूछ ले
श्रमिक की झोंपड़ी ···

कल पुलिस ने एक बूढ़े बाबा[1] को मार डाला
बाबू[1] और दलीप[1] ने सीने पर गोलियाँ खाईं
दयासिंह[1] क़सम, रसम पूरी की गई है
अब शासकों के वश की बात नहीं रही है
श्रमिक की झोंपड़ी ···

दद्दाहूर[2] गाँव में जो इतिहास लिखा गया
वे क़िस्से तो अब युगों तक ज़बानों पर रहेंगे
आज तो बाजों वाले की कटार, ललकार रही है
और वह दुश्मनों को काटकर रख देगी
श्रमिक की झोंपड़ी ···

अब तो झोंपड़ी, तुम्हारे पासबान जाग उठे हैं
तुम्हारे खेत और किसान भी जाग गए हैं
मज़दूर ने भी आँख खोल ली है, लेकिन जाना बहुत दूर है
उसने अभी अत्याचारियों से अपने हक़ छीनने हैं
श्रमिक की झोंपड़ी ···

पाँव की मिट्टी तुम पहाड़ बन जाना
तिनकों की झोंपड़ी मीनार बन जाना
अपनी कमाई तुम सँभालकर रखना
तुम्हारा तिनका ही लाख-लाख रुपए का है
श्रमिक की झोंपड़ी ···

[* लगता है यह गीत इन तीनों गीतों से पहले आए 'गीत-3' का प्रारंभिक प्रारूप है। 1. विभिन्न नक्सलवादी कार्यकर्ता, जो शहीद हुए; 2. पंजाब का एक गाँव, जहाँ सातवें दशक में पुलिस बर्बरता का नंगा नाच हुआ।]

मेरे देश

हम तो ख़तम हो गए हैं
धूल में लथपथ संध्यायों के पेट में
हम तो छिप गए हैं
लिपे हुए गोबर पर उकेरी हुई उँगलियों के साथ
'लोकतंत्र' के पैरों में नष्ट होते हुए मेरे देश !
हमारी चिंता न करना
प्रश्न तो ठीक बड़ा है
कि छब्बीस वर्षों के इस सूखे के समय
हम देशभक्त क्यों न बने
लेकिन मिट्टी ने खा ली है
कई करोड़ बाजुओं की ताकत
और फलों ने खा ली है
किसानों के हिस्से की ऊर्जा
हमारे सम्मान के वृक्ष
जिन्होंने फैलकर करनी थी
तुम्हारे तपते मरुस्थलों पर छाया
दफ़्तरों में पल रहे साँडों ने मरोड़ दिए
मेरे देश, क्या हो सकता था
छब्बीस वर्ष के इस छोटे-से
लंबे समय में
जबकि तीन बार दी गई हो जबाड़े फाड़कर
मारक युद्धों की नाल
और हर दूसरे वर्ष चुनाव की दुकान डालकर
निश्चित कर दी जाए हमारे बिकने की शक्ति
मेरे देश, क्या हो सकता था ऐसे बुरे समय में
कि जब जिस्मों पर आता है फूल खिलने का मौसम
तभी हमारे ज़ेहन से रेत बिखरती है ···

'लोकतंत्र' के पाँवों में नष्ट होते मेरे देश
हमें कितना हो सकता है

तुम्हारे दुःखों का इल्म ?
हम तो अभी ढूँढ रहे हैं
पशु और इंसान में फ़र्क़
हम कुत्तों में से जुएँ पकड़ते हुए
सीने में पाल रहे हैं
उस सर्वशक्तिमान की रहमत
हमारे रोज़ की फ़िक्रों की भीड़ में
गुम हो गई है
आदर्श जैसी पवित्र चीज़
हम तो उड़ रहे हैं आँधियों में
सूखे हुए पत्तों की तरह ...

हम काही की तरह
तुम्हारी बे-आबाद ज़मीन में चुपचाप उग आए
और लट-लट जल रहे आकाशों के नीचे
कड़वा धुआँ बनकर फैल गए
और अब यदि तुम्हारे वेदों का फ़लसफ़ा
और ऋषियों के उपदेश धुँधुआ जाएँ
तो दोष हमारा न होगा ...
मेरे देश, तुम कुछ भी न कर सके
और हमारा बीजा हुआ इतिहास
कुछ आवारा पशु-झुंड चरते हुए
तुम्हारे पोखर का पानी पीते रहे

अब जब तुम्हारे बारे में सोचें, मेरे देश !
तो कुछ इस तरह लगता है
जैसे तुम शरीफ़ बेटी हो
किसी बेशर्म गुंडे की
और हमारे साथ तुम्हारा ऐसे लगता है रिश्ता
जैसे आँखों ही आँखों में मुहब्बत भर जाए कोई
और जिसके नसीब में न हो शब्द मिलन का

हम तो ख़तम हो गए हैं
धूल में लथपथ संध्यायों के पेट में

हम तो छिप गए हैं
लिपे हुए गोबर पर उकेरी उँगलियों के साथ
'लोकतंत्र' के पैरों में नष्ट होते मेरे देश !
हमारी चिंता न करना ...

हर रोज़ ही ऐसे होता है

हर रोज़ सहंज ही उग आती है
पतझड़ की सघन धूप
चूल्हों का धुआँ छतों पर एक सही नक़्शा बनाता है
मनुष्य के भीतर के देश का
जिस पर से सचमुच कुछ भी क़ुर्बान किया जा सकता है
हर रोज़ सहज ही काम खनक उठते हैं
और सारी धरती कान बन जाती है
उस कुँवारी की तरह
आसमान जैसे नयन
जो मूँदकर
सुनती है
सहज-सहज टपकता
पहले मासिक धर्म का दर्द
हर रोज़ ही ऐसे होता है
गृहिणियों के सिरों पर बिना हिलती नाश्ते की टोकरी
हवाओं में बनती चली जाती है
इतिहास जैसी टेढ़ी-मेढ़ी लीक
हर रोज़ ही बैलों के मसूढ़ों में तैरता है
भूसे के मोटे डंठलों का सहमा स्वाद
किसी बीमारी से मरी
पालतू मुर्ग़ी की सब्ज़ी गले में फँसती है

हर रोज़ ही कुत्तों की आँखों से मर जाती है आस
हर रोज़ एक ही समय उठता है
किसान के कुत्ते के पेट में
अंतिम कौर का फ़िक्र
हर रोज़ ही ऐसे होता है
हर रोज़ ही दबा देती हैं बेटियाँ
गीले गोबर में
कच्ची कुँवारी ज़िंदगी की आग
कुम्हार का चाक रोज़ ही मिट्टी से उभारता है
ज़िंदगी की चिनाब में बह गई सोहनी [1] के नक़्श
हर रोज़ ही जुओं को कोसते बूढ़े
बीच में ही भूल जाते हैं सुखमनी साहिब की पौड़ी[2]
हर रोज़ ही रह-रहकर लहू थूकती रही
हज्जाम से टाँगें मुँडवाते छड़ों[3] की गंदी ज़बान
हर रोज़ ही ऐसे होता है
हर रोज़ ही
मुझे सबकुछ भुने क़बाब जैसा लगता है
जो अभी मेज़ों पर परोसा जाएगा
कुर्सी के खाने के लिए ...

[1. प्रसिद्ध लोककथा 'सोहनी-महिवाल' की नायिका; 2. धार्मिक वाणी; 3. कुँवारे।]

लौहकथा

संकलन (1970) से

बेदावा[1]

तुम्हारे पुरखों के नशे में
वे तुम्हें बेदावा लिख गए हैं
माछीवाड़ा[2]
उनके चेहरों पर उग आया है
और प्रतिदिन जुएँ
वहाँ ज़फ़रनामे लिखती रहती हैं
वे नौ महीनों में
दो सौ सत्तर साहबज़ादों का अवतार करते हैं
और कोई न कोई चमकौर[3] ढूँढकर
उन्हें शहीद का दर्जा दिला देते हैं
औरंगज़ेब की शैतान रूह
लाल किले के शिखर
अशोकचक्र में प्रवेश कर गई है
और उन्होंने संयुक्त मोर्चे के सामने
दिल्ली की वफ़ादारी की सौगंध उठाई है
यदि वे दक्षिण को जाएँ भी
तो शिवाजी को नहीं
शिवाजी गणेशन को संगठित करने जाते हैं
तलवार उनकी कमर में
सफ़र भत्ता बनकर गड़ती है
उन्होंने देश-भर की 'चिड़ियों' को
अपराधी घोषित कर दिया है
लेकिन गुरू ! वे सिंह कौन हैं
जिन्होंने बेदावा नहीं लिखा

और आज भी हर जेल
हर पूछताछ केंद्र को
सरहिंद की दीवार
और आनंदपुर का क़िला समझते हैं
वे बाढ़ आई सिरसा[4] में डुबकी लगा
तुम्हारे ग्रंथ निकालने गए हैं
हे गुरु ! वे सिंह कौन हैं ?
जिन्होंने बेदावा नहीं लिखा।

[1. गुरु गोविंदसिंह के चालीस शिष्य उन्हें छोड़ गए थे, छोड़ने के कर्म को 'बेदावा' कहा गया है; 2. पंजाब का क़स्बा, जहाँ से वे छोड़कर गए; 3. पंजाब में एक और जगह, जहाँ गुरु गोविंदसिंह के दो पुत्र शहीद हुए; 4. कहा जाता है कि गुरु गोविंदसिंह की अनेक रचनाएँ सिरसा नदी की बाढ़ में डूब गई थीं।]

संदेश

वाशिंगटन
यह जलावतन अपराधियों का झुंड
आज तुम्हें कलंकित करने चला है
यह उन डकैतों से भी बदनाम
और भगोड़ी जुंडली है
जिन्होंने तीन सदियों तक हमारे खेतों का गर्भपात किया
और यह उनके ही शोषण का प्रमाण है
कि मेरी बहिनें आज लगभग नंगी
कालिज में पढ़ने जाती हैं
वे तो हमारी लुंगियाँ तक खोल ले गए हैं
वाशिंगटन !

इन्होंने तुम्हें धब्बा लगाने की क़सम खाई है !
कोरिया, वियतनाम या इसरायल तो

सिर्फ़ समाचारपत्रों के कालम हैं
वाशिंगटन तुम तो जानते हो
हमने किस तरह मकदूनिया से चला
वहशत का समुद्र रोका था
हमारे तो फ़क़ीर भी विश्व विजय पर निकले हुओं को
धूप छोड़कर खड़े होने का आदेश देते हैं
रोडेशिया[1], वियतनाम और हक़ के हर संग्राम में
मेरा लहू आबाद है—
लेकिन यह लिंकन के हत्यारे
हब्शियों का व्यापार करने चले हैं
इनकी मौत इन्हें हमारे घर की
दहलीजों के अंदर ले आई है
वाशिंगटन !
इनके गोदान के लिए गाएँ भेज ...

[1. अब जिंबाब्वे।]

हर बुलावे पर मरते रहना

जब मैं पैदा हुआ
तो जीने की क़सम खाकर पैदा हुआ
और हर बार जब मैं फिसलकर गिरा
मेरी माँ लानतें भेजती रही !

कोई साहिबाँ[1] मेरे क़ायदे को ग़लत पढ़ती रही,
अक्षरों पर गिराकर स्याही
तख़्ती मिटाती रही
हर जश्न पर

मेरी कामयाबी के हार
उसे पहनाए गए
मेरी गली के मोड़ तक
आकर वह लौट जाती रही

मेरी माँ का वचन है
हर बुलावे पर मरते रहना
तेरे ज़ख़्मी जिस्म को
बक्की[2] बचाती रहेगी
जब भी मेरे सिर पर
कोई तलवार चमकी है
मैं केवल मुस्कुराया हूँ
और मुझे नींद आ गई है
जब मेरी बक्की को
मेरी लाश के टुकड़े
उठाने की सूझ आएगी
तब मैं मिर्ज़ा नहीं रहूँगा।

[1. पंजाब की प्रसिद्ध प्रेम-कथा 'मिर्ज़ा-साहिबाँ' की नायिका; 2. मिर्ज़ा की घोड़ी।]

गले-सड़े फूलों के नाम

हम तो गाँवों के निवासी हैं
तुम शहर-निवासी तो सड़कों वाले हो।
आप क्यों रेंग-रेंगकर चलते हो ?
हमारा दिलबहलाव तो हाट-बाज़ार है
आप क्लब-सिनेमा वाले

हमसे पहले बूढ़े कैसे हो जाते हो ?
हमारी दौड़ तो काले महर की मढ़ी तक
या तुलसी सूद के टोने तक है
आप तो सुना चाँद की बातें करते हो
आप हमसे पहले क्यों मर जाते हो ?
हमने कलेजा काट-काटकर भी उफ़ न की
आप जो रंग-बिरंगे झंडे उठाए फिरते
खाते-पीते मौत पर दुलत्तियाँ झाड़ते हो
यह चिल्ल-पों किस बात की मचाते हो ?

देखना अब
यह प्याज़ के साथ सूखी रोटी चबानेवाले
आपके शहर की सड़कें-कमरे निगल जाने के लिए
आ पहुँचे हैं
यह आपके डाइनिंग टेबल
और ट्रे तक निगल जाएँगे
जब हमारी इज़्ज़त को सेंधें लगती थीं
तो हम अनपढ़, ग्रामीण, मुँह के गूँगे थे
आपकी कतरनी-सी जीभ कॉफ़ी हाउस में क्या कहती थी
आप पढ़ों-लिखों को क्या हुआ था ?
हम आपकी ख़ाहिश का अपमान नहीं करेंगे
हम आपको आदर सहित
समेत आपके अस्तित्ववाद के
बर्छी की नोंक पर टाँगकर
चाँद पर पहुँचा देंगे
हम तो सीधे-सादे ग्रामीण बंदे हैं
हमारे पास 'अपोलो' है न 'लूना' है।

ख़ूबसूरत पैड दीवारें जेल की

शब्दों की आड़ लेकर
मैंने जब भी अर्थों का दुखांत ओझल किया है
बहुत पछताया हूँ
मैंने जिस धरती पर खड़े होकर
धरती के संगीत की सौगंध खाई थी
उस पर कितनी बार फिसलकर गिरा हूँ
मुझे सूख गए वृक्षों का श्राप मिला है
और
मैंन बार-बार सूली और बहिश्त को
दो सौतनें माना है
जिन्हें एक ही पलँग पर गर्भवती बनाते
मेरा बदन सिमटता जाता है
लेकिन मेरा आकार और निखरता है
ठीक
मेरी क़लम कोई रंगसाज़ की कड़ाही नहीं है
मैं तो सड़कों पर चलता हुआ
इतना बिखर गया हूँ
कि मेरे अपाहिज़ जिस्म को
याद भी नहीं आता
कि मेरा कौन-सा अंग वियतनाम में
और कौन-सा अफ्रीका के किसी मरुस्थल में
छूट गया है ?
मैं दिल्ली के किसी कॉफ़ी हाउस
में बैठा हूँ या आंध्र के जंगलों में ?
बार-बार बीतते पलों के साथ
मैं अपने अस्तित्व को छूता हूँ
मेरी छः कविताओं की माँ
पिछले इतवार मेरी ही परछाईं के साथ
भाग गई है

और मैं आवाज़ें पकड़ने की कोशिश में
कितना दूर निकल आया हूँ
मेरे नक़्श पंचांग की
गुज़री तारीखें बनकर रह गए हैं
बारी-बारी से नेपोलियन, चंगेज़ ख़ां और सिकंदर
मेरे में से गुज़र गए हैं
अशोक और गौतम बेबाक़ देख रहे हैं
बेपर्द पत्थर का सोमनाथ
जो मैं एवरेस्ट पर खड़ा हो देखता हूँ
तिड़का हुआ ताजमहल
पीतल का हरि मंदिर
और अजंता खँडहर-खँडहर
और मैं सोचता हूँ
कुतब की पाँच मंज़िलें जो बाक़ी हैं
क्या आत्महत्या के लिए काफ़ी हैं ?
लेकिन आख़िर
मुझे मानना होता है
कि जिस समय मैंने जुपिटर के बेटे
और अरस्तू के शिष्य से
धूप छोड़कर खड़ा होने के लिए कहा था
तो मेरी कमर में सिर्फ़ जाँघिया था
इसीलिए मैंने
अब ख़ूबसूरत पैड झुलसा दिए हैं
और क़लम संगीन बनाकर
जेल की दीवारों पर लिखना चाहता हूँ
और यह सिद्ध करने में व्यस्त हूँ
कि क्षितिज के पार भी
पहाड़ होते हैं
जिनकी ढलानों पर
किरनें भी, क़लमें भी
जड़ी जा सकती हैं।

युग पलट

आधी रात में
मेरी कँपकँपी सात रज़ाइयों से भी न रुकी
सतलुज मेरे बिस्तर पर उतर आया
सातों रज़ाइयाँ गीलीं
बुख़ार एक सौ छः, एक सौ सात
हर साँस पसीना पसीना
युग को पलटने में लगे लोग
बुख़ार से नहीं मरते
मृत्यु के कंधों पर जानेवालों के लिए
मृत्यु के बाद ज़िंदगी का सफ़र शुरू होता है
मेरे लिए जिस सूर्य की धूप वर्जित है
मैं उसकी छाया से भी इनकार कर दूँगा
मैं हर ख़ाली सुराही तोड़ दूँगा
मेरा ख़ून और पसीना मिट्टी में मिल गया है
मैं मिट्टी में दब जाने पर भी उग आऊँगा।

ज़हर

आप कैसे कह सकते हैं
कि यह ज़हर है और यह ज़हर नहीं
ज़हर से तो न सिगरेट मुक्त है
न पान
न क़ानून, न कृपाण
ज़हर के लेबल को
सचिवालय पर लगाएँ या विश्वविद्यालय पर
ज़हर ज़हर है
और ज़हर को ज़हर काटता है

भूमि आंदोलन तो घर की बात है
यह कानू सान्याल क्या चीज़ है ?
जवानी तो जतिंद्र या बबिता की
यह उत्पल दत्त क्या हुआ ?
यह नाट्य कला-केंद्र किस काम का ?
ज़हर तो कीट्स ने खाया था
यह दर्शन खटकड़ क्या खाता है ?

चीन से कहो
आणविक धमाके न करे
इस तरह तो पवित्र वायु में
ज़हर फैलता है
और हाँ, पोलिंग के दिन इस बार
अफ़ीम की जगह खालिस ज़हर बाँटो
ज़हर तो बढ़ता जाता है—
और नर्स !
इस प्वाज़न स्टोर को
हमें क्या धूप देनी है ?
जाओ एक-एक गोली
'पाश' और 'संत' (संधू)[1] को दे आओ

[1. पंजाबी कवि और पाश के मित्र।]

वक़्त की लाश

इन्होंने पतझड़ के आख़िरी दिन
बुक्कल में सँभाल लिए हैं
और अब यदि यह वसंत की बात भी करते हैं
तो जैसे शब्दों के साँस टूटते हों ...

जैसे नशेड़ी तड़प गया हो—
और इनके पड़ोस में
शैतान सिरफिरे छोकरे
इतिहास की दीवारों पर
कुछ लिखने में मसरूफ़ हैं
वे उन्हें विष लगते हैं
जैसे कोई बारहवें वर्ष
ऋषि की समाधि भंग कर दे
जैसे सुहाग की सेज पर मेहमान सो जाएँ
इनके पास उसका दिया बहुत-कुछ है
यह डिग्रियों की पटरी पर सो सकते हैं
और अलंकारों के ओवरकोट पहनते हैं
उनके लिए ज़िंदगी के अर्थ सिफ़ारिश हैं
क़ैद को वे कोका कोला की तरह पीते हैं
और हर आज को कल में बदलकर ख़ुश होते हैं
ये रात को सोते समय
पायजामों-शलवारों की गाँठें देखकर सोते हैं
और सुबह जब ये उठते हैं
तो बकरी की तरह कमज़ोर
जैसे वक़्त की लाश गंधा गई हो
जैसे दही बास गया हो
जब ये अपने-आपको
मृत पड़ा देखते हैं
तो ज़िंदगी को याद में
लाने के लिए तिकड़म लड़ाते हैं
जैसे कोई उँगलियों पर हासिल गिनता है
जैसे कोई रेंगना सीखने से पहले की
उम्र को याद करता है।

तेरा मोल, मेरा मोल

एक हवा का रास्ता लाँघने के लिए
बहुत देर मुझे जिस्म बाँहों में दबाए रखना पड़ता है
अपने करम की लाश
रोज़ ही मैं चाहे-अनचाहे
इतिहास की दहलीज़ पर रखकर लौट आता हूँ—
हर दिन के अंत में मुफ़्त बिक जाता हूँ मैं

अपनी क़ीमत, मेरी महबूब
अपनी छाया से पूछ
कितनी किरनें तुमसे मात खाकर
राख हो चुकी हैं
मैंने भी अपना रक्त गिराने के लिए
कैसा कुरुक्षेत्र पसंद किया है
मेरी आँख के हर क़दम में
मेरे स्रष्टा के अंग बिखरे पड़े हैं
और मेरे भीतर अनगिनत रावणों, दुर्योधनों की
लाश जी उठी है—
तेरा मोल, तेरी क़द्र
इतिहास के क़दमों को माप ले या न माप ले
लेकिन मैं लक्ष्मण-रेखा उलाँघकर
शून्य में लटक जाऊँगा
मेरे अभिमान का विमान
अगली ऋतु में मेरा गवाह होगा
और तभी मेरी अनमोल
हिम्मतों की क़ीमत आँकी जाएगी
मुझे तुम्हारी शोख़ी की हदें लाँघने का
तो कोई ग़म नहीं
मैं तो इस यौवन से उमगती घाटी में
तेरी हदें खींचने से कतरा रहा हूँ

मेरी महबूब
इस सूरज को मुट्ठी में पकड़ने की लालसा न कर
मुझे इसमें जल जाने के लिए
लाखों जन्म लेने हैं।

बेक़द्र जगह

मेरा अपमान कर दें
मैं कहाँ मान करता हूँ
कि मैंने अंत तक सफ़र किया है
वरन् मैं तो उन पैरों का मुजरिम हूँ
कि जिनका 'विश्वास' मैंने किसी बेक़द्र जगह खो दिया
उपलब्धियों का मौसम
आने से पहले ही
मेरे रंग को बदरंग कर दें

संस्कृति की खोज

[मरियम किसलर, पीएच.डी., के नाम]

गोरी नसल की गोरी छोरी
तुम हमारी संस्कृति की खोज का स्वाँग छोड़ दो
आधी दिल्ली वैसे भी हिप्पियों के लिए स्वीकृत है

तुम्हारी धरती के साए तो
ज़बरदस्ती के प्रोफ़ेसर, ग्राम-सेवक भी बन सकते हैं

तुम अपने डालर खोटे मत होने देना
जो करना है, निश्चिंत किए जाओ
कल्चर की बात
अब तो जिनों, परियों की कथाओं की बात है
तीस में से पच्चीस रात चाँद नहीं उगता
जब उगता है
दागों से भरा हुआ

अब तो बादल धुएँ के हैं
अब तो उतने बरसते नहीं हैं
अब तो न हमारी गली में
घुटने-घुटने बाढ़ आती है
अब तो मोचियाना पोखर
कभी भी वीराने तक नहीं आता
न ही कभी वेईं[1] पोखर से मिली है

अब तो गुरुवार के दिन भी
कानी गीदड़ी के ब्याह से ज़्यादा कुछ नहीं होता
अब तो सरसों के खेतों में उतने फूल नहीं खिलते
अब तो गाँव के दर्जी के पास वासंती रंग भी ख़तम हो गया है
अब तो गन्ने भी फीके होते जाते हैं
अब तो मेरा भारत मिट्टी की चिड़िया है
अब तो हमारे पुरखों के कंठे से लेकर
गुरुओं-पीरों के शस्त्र तक
लंदन के अजायबघर की शोभा हैं

हर मंदिर में सोमनाथ बेपर्द खड़ा है
अब तो यहाँ तिड़का हुआ ताजमहल है
पीतल का दरबार साहिब है
और खंडहर हुई अजंता है

इंडिया गेट की ईंटों पर
गिनती क़ाम करने आए लोगों की है बढ़ती जाती
कुतब मीनार की भी छः मंजिलें बाक़ी हैं
(चाहे आत्महत्या के लिए काफ़ी हैं)

मैं भूखे मरते लोगों का
भूखा मरता कलाकार हूँ
तुम मेरी जीवन संगिनी बनकर क्या करोगी ?
मैं माँ-बाप की क़सम खाकर कहता हूँ
तुम्हारी कौम की क़िस्त चुकाने के लिए
घर में कुछ नहीं बचा।

[1. नदी का नाम।]

रक्त क्रिया

अब चाँदनी नहीं
चाँदनी की मिट्टी बोलती है

सिर्फ़ फ़र्ज़ चले जाते हैं
हक़ीक़तों की ठंड में ठिठुरते हुए ···

मैंने अपने नाखुनों से
दीवारों की जीभ काट डाली है
अब उनके पास सिर्फ़ कान हैं
पोस्त के फूल आज भी हँसते हैं
और मैं उन्हें रक्तिम रंग के
महत्त्व पर भाषण देता हूँ ···

ज़ाहिर है कि गुरु ने बेदावा फाड़ डाला था
लेकिन शब्दों के सफ़र को
कोई क्या कर सकता है ?
वे बेदावे के इतिहास को नहीं फाड़ सके थे

वृक्ष शांत हैं, हवा पहाड़ों में अटक गई है
कायर का शब्द
सिर्फ़ साइकल का पटाका बोलने जैसा है
और, अभी और सड़क हुंकारा माँगती है
क़दमों से चाहे चलो या मापो
सफ़र का नाम काम जैसा है
जिसमें से फटे हुए दूध की तरह
पुण्य और पाप अलग हो सकते हैं

कोर्स में कीट्स के प्रेम-पत्रों की परीक्षा है
लेकिन रोज़गार दफ़्तर में
वे सिर्फ़ ज़फ़रनामे की डिविज़न पूछते हैं

चाँद काले महर की तरह सोया है
मैं बढ़ता हूँ क़दमों की आहट से सावधान
रात शायद मुहम्मद गौरी की क़ब्र है
जिस पर शेरे-पंजाब का घोड़ा हिनहिनाता है

बढ़नेवाले बहुत आगे चले जाते हैं
वे वक़्त को नहीं पूछते
वक़्त उन्हें पूछकर गुज़रता है

सिर्फ़ विविध भारती सुनने के लिए
पिस्तौल की क़ीमत गँवाई नहीं जा सकती
पान खाना ज़रूरी नहीं
सिर्फ़ सिगरेट से भी काम चल सकता है

मैं जहाँ पैदा हुआ हूँ
वहाँ सिर्फ़ चाकू उगते हैं या लिंग अंग

आग से घर जलाकर रोशनी का काम लिया जाता है
या महात्मा लोगों के वचन सिसकते हैं ...

लेकिन अपीलें मेरे लिए प्रभावी नहीं होतीं
क्योंकि मैं जानता हूँ
क्लासें सिर्फ़ डेस्कों पर ही नहीं
बाहर बाज़ारों में भी होती हैं
रात को किरनों से नहीं
सिर्फ़ सूर्य से धोया जा सकता है

इसलिए अब चाँदनी नहीं
चाँदनी की मिट्टी बोलती है
और फ़र्ज़ चले ज़ाते हैं
चले जाते हैं ...

श्रद्धांजलि

इस बार पाप की बारात बहुत दूर से आई है
लेकिन हम बैरंग लौटा देंगे
मास्को या वाशिंगटन की मोहर भी नहीं देखनी
ज़बरदस्ती का दान क्या
हम फैले हुए तलवों पर भी थूक देंगे
तल्ख़ियों ने हमें बेलिहाज़ बना दिया है
आज ने हमें वहशी बना दिया है ...
पारंपरिक तलवार को बाबाजी[1]
भले हमने कौडे राक्षस से छीनी थी
जब से तुम्हारा स्पर्श मिला है

शहर शहर में सच्चा सौदा करती है
जेल जेल में चक्की इससे डरकर ख़ुद चलती है
और हमने समय के पत्थर पर
इस तलवार से इंसाफ़ का पंजा साफ़ कर दिया है
बाबा तुम तो सर्वज्ञानी हो
हम तुमसे कभी इनकारी नहीं
हमने भागो[2] के भोज को ठुकरा दिया है
हम तलवंडी की ममता छोड़
झुग्गियों, झोंपड़ियों व जंगलों में निकल आए हैं
सिर्फ़ एक अनहोनी करने लगे हैं
यह सज्जनों[3], भूस्वामियों की सेना
हाथों में मशीनगनें लेकर निकल आई है
अब भाषण का अमृत कारगर नहीं होगा
और हम तुमसे परे नहीं, तुम सर्वज्ञानी हो ···
हम लोहे के जल की वर्षा करने चले हैं
और हम तुमसे इनकारी नहीं, तुम सर्वज्ञानी हो ···

[1. गुरु नानक; 2. एक अमीर, जिसका भोज गुरु नानक ने ठुकरा दिया था और ग़रीब लालो का भोजन स्वीकार किया था; 3. गुरु नानक के समय का एक ठग।]

विस्थापन

जब अफ़ीमची से अफ़ीम छूटती है
तो आधी-आधी रात जा पोखर में घुसता है
कुएँ में उतरकर भी बदन जलता है
पल-पल में दिशा-मैदान जाता है
अपने भीतर मरे हुए शेर की बड़ी दुर्गंध आती है

अफ़ीमची ज़र्दा लगाकर
मुर्दा शेर को दो साँस और दिलाना चाहता है
लेकिन मृत शेर कब दम ले पाता है
अफ़ीमची से जब अफ़ीम छूटती है ...

संकल्प

चाँदनी मुझसे बहुत परहेज़ करती है
ख़ुद कमाई रात के सामने होने की
जुर्रत मैं नहीं कर सकता
रोज़ मेरी चादर में
एक सुराख़ बढ़ जाता है
चाहे किरनों की कचहरी में
अभी मेरी बात तक भी नहीं चली
शाम के और अपने बदन के ग़म के
जब भी साझे होने की बात सोचता हूँ
खौल जाता हूँ जैसे
मैंने ज़िंदगी का जो भी पल बचाया है
उसके हर हक के लिए बग़ावत करूँगा
मैं प्रतिदिन मंसूर नहीं बनूँगा
मैं शूली पर नहीं चढूँगा
मैं अपनी शांत सीमा में
हंगामा कर दूँगा
मैं अपनी लीक को
हवाओं में उलझा दूँगा।

परख-नली में

दुश्मन तो हर तरह गुमराह करता है
दुश्मन का कब कोई विश्वास करता है
आपने दोस्त बन हमेशा हमें बदनाम किया है
और लानत हमें
जिन्होंने अब तक माफ़ किया है ...
कभी रहबर बनकर हमें क़त्लगाह छोड़ आए
कभी झंडे का रंग बताकर
हमारे अल्हड़ गीतों को नापाक किया
और कभी रूबल चबाकर हमसे थूक के रंग गिनवाए
आप छलिया नहीं तो क्या बला हैं ?
और इससे पहले कि आप सर से गुज़र जाते
आपको चुटिया से पकड़ लिया है हमने
अब आप एक वर माँगने के लिए कहेंगे
और हम आपकी मौत माँगेंगे ...

एकमात्र उपलब्ध हिंदी कविता

वो मेरा वर्षों को झेलने का ग़ौरव देखा तुमने ?
इस जर्जर शरीर में लिखी
लहू की शानदार इबारत पढ़ी तुमने ?
कविता हो न हो इतिहास को
मृत शरीर की ज़िंदा लोथ[1] के साथ
मात्र साँस के धागे से जुड़ा होना।

[रचनातिथि : 15 जनवरी 1982। 1. लाश।]

पुनश्च

पाश की ये कुछ कविताएँ उनके कालेज के दिनों की नोटबुकों से मिलीं। इन्हें पहली बार सितंबर 1994 में पाश मेमोरियल अंतर्राष्ट्रीय ट्रस्ट की ओर से प्रकाशित पाश-काव्य-1 में संकलित किया गया। वास्तव में इनमें से कुछ अधूरी-पूरी कविताएँ उनकी कविताओं के आरंभिक प्रारूप जैसी हैं। यहाँ उन्हें केवल उनकी रचना-प्रक्रिया को समझने की दृष्टि से शामिल किया जा रहा है। इनमें एक-दो कविताएँ ही ऐसी हैं, जो अपनी संरचना में पूर्ण प्रतीत होती हैं व जिनका कुछ काव्यगत महत्त्व है।

मैंने बहुत-से लोग देखे हैं, बतंगड़ों का बोझ ढोते
और पूरा रास्ता छोटी-छोटी बातें उनके पास से छनती रहतीं
वे न जाने कब चले थे
लेकिन आज उन्होंने हर रास्ते को पतझड़ के पत्तों की तरह
ढक दिया है

कई आते हैं और ठुड्डों से
साफ़ रास्ता बना सकने की कोशिश में नाकामयाब होकर
सफ़र को स्थगित कर देते हैं
वे लोग असल में माँ की गाली जैसे हैं
और वास्तव में अपनी संख्या से बहुत कम हैं
और मैं जिन लोगों संग चला हूँ
उनके क़दमों में तूफ़ान अँगड़ाइयाँ लेते हैं
... ...
... ...★
और हम जितने भी हैं
अपनी गिनती से बहुत अधिक हैं
और पीछे छोड़ जाते हैं
रिश्तों की कथाओं का बहाना
उन लोगों के लिए
जो बतंगड़ों का बोझ ढोते रहते हैं।

[★पंजाबी में ही ये पंक्तियाँ नहीं पढ़ी जा सकीं। रचनातिथि : 18.1.1970]

तब भी मेरे शब्द रक्त के थे
तब भी मेरा रक्त लोहे का था
जब मैं जलते फूलों में
घिरा पड़ा था—
फिर जब मैं जल रहे फूलों से बाहर आकर
तलवारों के जंगल में घुसा
तो भी मेरे शब्द रक्त के थे
तो भी मेरा रक्त लोहे का था
और अब मेरे सफ़र में
जलते फूलों की गंध नहीं
पिघले हुए फ़ौलाद की गंध आती है
और मेरा सफ़र
मेरा फूल से रक्त तक का सफ़र
एक इतिहास है
शब्द से आवाज़ तक का इतिहास—
और अब मुझे
होंठों पर किसी भी ख़ूबसूरती का जिक्र लाने से पहले
तलवारों के कई जंगलों से
गुज़रना पड़ता है।

इससे पहले कि
रविवार रम जाए तुम्हारी हड्डियों में
सप्ताह के सारे दिन बनकर
मेरी क़ौम, आ हम सुबह की
व्याकुलता को पी जाएँ

इससे पहले कि
लड़की जमा लड़का बराबर बच्चा हो
मेरी कौम, आ हम रिश्ते की तरह
ज़रूरतों की संस्था में घुल जाएँ

इससे पहले कि यू.एन.ओ. का आदर
कुतर कर सरहदों को चरा दिया जाए
मेरी क़ौम, आ हम ख़ानाबदोशी
का प्रस्ताव पास करवा लें।

आज इन्होंने दुश्मनों और दोस्तों के बीच खींची
लकीर क़ो भी गिरा दिया है
लेनिन की तस्वीर उठाकर चले
इन गाँधी की बरसी मनानेवालों ने

कोठियों में सोफ़ों पर बैठकर क्रांति का ज़िक्र
कितना पवित्र मज़ाक़ है
जो ज़्यादा-से-ज़्यादा ये फाँसी पर झूल गयों को
कर सकते हैं

जब पत्थर के गाँधी की ज़रा-सी धुनाई पर
प्रोटेस्ट, भूख-हड़तालें, जाँच-माँगें हो सकती हैं
तो जीवित गाँधियों को भी उकसाया जा सकता है
कि वे देश-भर की भावनाएँ उलझाए रहें
और चुन-चुनकर हर भगतसिंह को
क़त्ल करवा दिया जाए ...

मुझे विरासत में ऊँघ मिली है
बार-बार मेरा असभ्य पंजाब आता है अपने पवित्र फ़रजद के पास
जो मुझे ग्रेट ईस्टर्न होटल से भाग जाने के लिए कहता है

मैं उसे सभ्य होने के उपदेश देता हुआ
जंगलों में जाकर बब्बर शेर को मारना चाहता हूँ

मेरे असभ्य समाज को पता है
कि शेर आसाम के जंगलों में नहीं
मुदकी या सभरावाँ[1] के मैदानों में भी
जब चाहे शरेआम दहाड़ता है
लेकिन मुझे विरासत में ऊँघ मिली है
उसमें घायल हिरन का दिल हो तो हो
उसमें मिर्ज़ा की असावधानी 'गर हो तो हो
वैसे उसमें
लोमड़ी के बचे होने के बग़ैर
हर चीज़ ग़ैर है।

[1. जलियाँवाला बाग़ कांड के समय वैरीनाम के झरने।]

जिन्होंने उम्र-भर तलवार का गीत गाया है
उनके शब्द लहू के होते हैं
लहू लोहे का होता है
जो मौत के किनारे जीते हैं
उनकी मौत से ज़िंदगी का सफ़र शुरू होता है
जिनका लहू और पसीना मिट्टी में गिर जाता है
वे मिट्टी में दबकर उग आते हैं।

धुँधली और मटमैली-सी चाँदनी—किसी बेगार करनेवाले
की तरह उदासी में डूबी शहर की कद्दावर इमारतों

से सहमी-सहमी आई है—
यह दिशाओं की सच्चाई भूलती है
मेरे में सुकरात भी है
जिस सूर्य की धूप मुझे विवर्जित है
मैं उसकी छाया से भी इनकार कर दूँगा
मैं हर ख़ाली सुराही तोड़ दूँगा।

लौटा दो मेरे.पंख यह तो मौत जैसी बात है
बुत होकर रह जाना और चौकों में गाड़े जाना—
मैं धुर से सिरजनहार हूँ
मैं जब भी जन्मता हूँ
जीने की सौगंध लेकर जन्मता हूँ
... ...
लौटा दो मेरे पंख यह तो मौत जैसी बात है।

'गर सुबह नहीं तो शाम को देना पड़ेगा
सूरज के क़त्लों को भी इल्ज़ाम देना पड़ेगा
बिगड़ी शैतानगी को नकेल डालनी होगी
हर चौराहे पे बलि शैतान देना पड़ेगा

इनसानियत के सफ़र पर चलते हुए
... ...
तोड़ दिए जाएँगे अब हौसले तूफ़ान के
दीपकों को सिदक का पैग़ाम देना पड़ेगा

•••